AI와 한복

AI문고

인공지능 시대입니다. 기계가 인간의 인지를 대신하고, 사물이 인간을 통하지 않고 다른 사물과 직접 커뮤니케이션합니다. 이에 따른 인간 삶과 문명 변화를 정확히 이해·예측·대응하는 것은 이 시대 우리 모두의 과제입니다. AI문고는 인공지능 기술과 환경의 여러 주제를 10가지 키워드로 정리합니다. 관련 개념과 이론, 학계와 산업계의 쟁점, 우리 일상의 변화를 다룹니다. 인간과 기술의 현재, 미래를 세심히 분석합니다.

일러두기

- 인명, 작품명, 저서명, 개념어 등은 한글과 함께 괄호 안에 해당 국가의 원어를 병기했습니다.
- 외래어 표기는 현행 어문규정의 외래어표기법을 따랐습니다. 다만 '포토샵', '바디', '솔루션'은 관행을 따랐습니다.

처음이세요?

전문가세요?

AI와 한복

임현주

대한민국, 서울, 커뮤니케이션북스, 2025

AI와 한복

지은이 임현주
펴낸이 박영률

초판 1쇄 펴낸날 2025년 12월 11일

커뮤니케이션북스(주)
출판 등록 2007년 8월 17일 제313-2007-000166호
02880 서울시 성북구 성북로 5-11
전화(02) 7474 001, 팩스(02) 736 5047
commbooks@commbooks.com
www.commbooks.com

ISBN 979-11-430-0080-4 03500

책값은 뒤표지에 표시되어 있습니다.

차례

느리게 걷던 한복, AI와 기로에 서다

"이번 명절에 한복을 입으시나요?" 이러한 질문 자체가 이제는 매우 낯설다. 나 또한 마지막으로 한복을 입었던 때는 언제인가. 명절뿐만 아니라 어쩌면 MZ세대는 결혼할 때도 입지 않을 수 있는 한복이다. 그러기에 한복은 체험 이벤트 존에서나 입을 법한 옷이 되어 젊은이들은 사극의 주인공처럼 입고 포즈를 취한다. 저런 한복은 전통이 아니라고, 제대로 된 한복을 만들어 대여해 주면 되지 않느냐고 한편에서는 이런저런 비난의 소리가 있다. 하지만 경복궁을 찾은 외국 관광객들은 오로지 SNS를 통해 본 그것을 입어야 한국에 온 목적 달성을 하는 듯 보이기도 하며 어쩌면 그 일념하에 그들에게 다른 것은 눈에 들어오지 않을지도 모른다. 오랜만에 서울 나들이를 온 한국인에게도 선택의 여지는 별로 없다. 그러나 최근 들어 국적 불명의 반짝이 레이스를 덧댄 한복도 점차 늘고 있는 추세다. 이런 현상은 한 나라의 문화가 다양성 가운데 성숙 발전해 가는 일련의 과정이라고 생각하면 너그러이 수긍할 수 있다. 그나마 소셜미디어를 통해 공유되는 한복 문화가 있기에 옳고 그름의 논란이 생기고 자꾸 논의되다 보면 전통의 정통성에 관한 니즈도 생겨날 것으로 생각한다. 마치 악화가 양화를 구축하게 되듯이.

한복은 이렇듯 끊임없이 변화하면서 명맥을 유지한 것이 아닌가 싶다. 변화의 속성이 지속 가능한 한복 문화를 이끌었다 해도 과언이 아니다. 사실 이천 년 역사만 보더라도 한복은 변화하지 않은 순간이 단 한 번도 없다. 디자인은 물론 입는 방식이나 소재, 색상과 디테일까지도. 변하지 않은 것은 오직 하나, 변한다는 사실 뿐이다. 그럼에도 한복이라고 규정할 수 있는 공통분모가 있지 않을까. 시대적이고 다양한 변수(變數, variable)에도 불구하고 항상 같은 상수(常數, constant)의 일관성이 존재하기 때문에 정확히 설명할 수 없을지라도 누가 봐도 '한복'이라는 이름을 붙일 수 있을 것이다. 그렇다면 이 지점에서 변하지 않고 이어져 내려오는 한복의 본질적인 것이 무엇이냐 하는 질문을 할 수 있다. 이 점은 보다 깊은 정체성에 관한 고찰이므로 본론에서 다룰 예정이다. 이러한 부분은 철학적인 논의가 필요해 아직은 AI보다는 인간이 사유해야 할 문제가 아닐까 싶다.

복식은 그 시대를 대변하고 함축하는 문화적 산물로

한복은 우리 민족의 정체성과 생활상이 녹아 있는 중요한 문화유산이다. 인공지능은 오늘날 다양한 산업에서 혁신을 이끌며, 패션 산업에서도 중요한 역할을 하고 있다. 한복과 인공지능의 융합은 전통과 첨단 기술을 결합하여 새로운 가능성을 열어 주며 이는 한국 문화의 현대적 재해석과 글로벌 경쟁력 강화에 기여할 수 있는 커다란 자산이다.

우리 옷은 유구한 역사와 함께 격변의 시기마다 다양한 변화를 겪어 왔다. 그 과정에서 한복은 한국인의 삶과 문화, 그리고 정체성을 반영하는 중요한 요소로 자리 잡았다. 그러나 현대 사회에서는 전통 한복의 영역이 좁아지면서 한복의 그 소중한 가치마저 점차 잊히고 있다. 시대가 바뀌어 외형은 변화하더라도 전통의 가치가 훼손되고 사라져 다음 세대로 전해지지 못하고 단절되는 것은 너무나 안타까운 일이다. 그렇기에 이 책에서는 이러한 문제를 해결하기 위해 AI와 같은 첨단 기술을 도입하여 한복의 새로운 가능성을 모색하고 과거와의 단절이 아닌 미래와의 연결로서 지속 가능한 전통, 한복을 바라보고자 한다.

4차 산업혁명의 새로운 시대로 전환되고 있는 지금, 전통은 위기인가 보고(寶庫)인가.

인공지능 시대, 장인정신은 사라질 전통인가. 이러한 시대에 전통을 문화에 어떻게 적용할 것인가. 지속 가능한 전통 이음을 위한 첨단 기술은 무엇인가. 여전히 진행형인 복식사를 어떤 관점으로 바라봐야 할 것인가. 이러한 끊임없는 질문에 대한 해답을 필자는 오늘도 찾고 있다.

점점 설 자리를 잃어 가는 것은 단지 한복이라는 복식만이 아니다. 관련 산업과 학과가 축소되고, 졸업생들의 진로가 사라지는 것은 물론이요, 국가유산을 전수해 줄 제자가 더 이상 없는 장인(匠人)들을 비롯해 전통문화와 국가 문화의 경쟁력이 저하하는 데까지 문제의 범위를 확대할 수 있다.

이 글을 쓰고 있는 필자 역시 의상학과를 졸업하고 한복으로 석박사를 마치고 대학에서 학생들을 가르쳤다. 전통 관련 직종에서 계속 커리어를 쌓아 왔지만 점점 줄어드는 업계의 파이를 느끼고 있었다. 학생들이 이 분야의 진로 상담을 요청할 때마다 사실상 막막한 심정이 들었던 게 솔직한 후기라고 할 수 있다. 한 우물 파긴 아니라도 한 분야에만 20년 이상 몸담았는데 경력 단절을 경험하게 되었다. 어느덧 수년간 비자발적 전업주부 생활을 하던 차에 세상은 '4차 산업이다, 인공지능이다' 하며

NFT, 메타버스, 초거대 AI 등을 논하며 빠르게 변화하는 흐름을 따라가기 벅찼다. 나의 직업은 AI로 대체될 직종으로 분류되기도 전에 이미 초고속 사양산업 대열에 합류한 상태다. 이 바닥에서 버티는 모습은 디지털 시대에 아날로그를 고집하며 오히려 역방향으로 느리게 걷기를 몸소 실천하는 아날로그적 방식을 고집하는 태도로 보였다. AI를 공부하면 할수록 내가 좋아하던 일과는 괴리감이 생기는 것만 같았다. 도저히 접점이라고는 찾을 수 없는, 그래서 어느 하나를 버리지 않고서는 앞으로 나아갈 수 없는 상황, 영원히 평행선을 달릴 수밖에 없는 것처럼 느껴졌다. 한복과 AI는 과거와 미래, 동양과 서양, F와 T처럼 다르게 느껴졌다. 그래서 집필 제안서를 받았을 때도 오랜 시간 망설였다. 빠른 속도로 업데이트되고 하루가 다르게 급변하는 AI 생태계를 책으로 낸다는 자체가 뒤늦은 선택임을 자각하도록 원고를 볼 때마다 수정을 반복하는 상황이 펼쳐졌다. 문제점으로 지적했던 부분이 몇 개월 뒤엔 개선되어서 언급조차 필요 없게 되어 챕터를 통째로 버려야 하는 등 본서의 의미는 점점 희미해지고 집필 동기와 의지는 사그라들고 있었다. 하지만 한편으로는 아무도 이 고민에 대한 답을 제시해 주지 못하는 이 시점에서 나 자신이라도 정리를 하다 보면 작은 돌파구를 찾을 수 있다고 판단했다. 혹은 나와 같은 고민을 하는 사람들을 만나 시너지를 낸다면 보완책이 생기지 않을까 하는 생각도 들었다. 그렇게 본인의 문제 해결을 위한 일종의 기초 현황 조사 보고서라도 써 보자는 마음으로 펜을 들다 보니 이 책은 수없이 포기하려 했으나 결국 내려놓지 못한 무거운 과제가 되어 있었다.

개인적인 동기에서 출발했지만 전통 문화 산업에 종사하는 기능장, 패턴사, 봉제사 분들도 사회적인 문제로 공감할 수 있기를, 한복 관련 취 · 창업을 준비하는 학생들의 진로 탐색이나 교수님들의 진로 가이드에도 도움이 되기를 바라는 마음으로 정리해 보았다. 의류 산업에 변화의 바람이 불기 시작한 현시점의 구체적인 사례를 살펴보고 특히 한복 업계의 실무에 활용할 수 있는 방안을 모색한다. 인공지능과의 협업 및 확장 가능성에 대해 고찰함으로써 AI 시대 산업 현장에서 미래 역량을 강화하는 데 필요한 다양한 논의를 시작해 보고자 한다.

디지털 환경의 4차 산업 시대를 맞아 초거대 인공지능 생태계가 각 분야에서 조성되고 있다. 한복이라는 분야가 구시대의 대표적인 유물처럼 인식된다면 첨단 기술인 AI는 반대편에 있을 법하여 연결 짓기가 쉽지만은 않다. 지속 가능한 전통 이음을 위하여 첨단 기술을 한복에 어떻게 적용할 것인가. 그러니 'AI와 한복'의 매치는 궁금증을 자아내는, 더욱 흥미로운 주제가 아닐 수 없다. 본서는 인공지능 총서 중 한 권으로 'AI와 한복'이라는 큰 주제하에 책의 목차를 구성하는 10가지 세부 주제를 선정했다. 구성은 다음과 같은 시간적 흐름을 따랐다.

시작은 과거로부터의 고찰로, 역사문화적으로 어떠한 가치가 있는가를 들여다본다. 다음은 정확한 현재 상황 인지로, 인공지능과 한복 산업의 현황을 살펴보고, 마지막으로 미래 전망으로서 보존 가치 있는 한복이 무엇인지를 선택했다.

역사문화적 가치는 한복의 역사와 시대별 특징을 개괄하면서 전통 복식 문화가 오늘에 이르기까지 전개되어 온 방식을 중심으로 살펴본다.

현재 상황 인지는 4차 산업혁명의 시대에 산업 패러다임이 바뀌면서 친환경과 지속 가능성을 추구하며 미니멀리즘으로 회귀하는 이유를 새겨 본다. 인공지능과 전통 산업의 융합 필요성과 유의점을 살펴본다. 의류 산업의 단계마다 적용할 수 있는 혁신적인 AI 기술을 제시하고 맞춤형 디자인, 가상 피팅, 자동 패턴 생성, 패션쇼 시뮬레이션 등에 사용하는 방법을 모색해 본다.

한복의 미래 가치는 첨단 기술과 접목해 한복의 아름

다움과 정체성을 유지하도록 하는 데서 출발한다. 문화 유산을 디지털 방식으로 아카이빙하고, 3D 자산으로 구축함과 동시에 자유롭고 창의적으로 계승 발전시키는 노력이 필요하다. 그럴 때 한복은 보다 가치 있는 글로벌 경쟁력을 갖춘 자산으로 거듭날 수 있으며 세계가 먼저 이 점을 인지하고 주목하고 있다. 이미 무대 한복판[中央]에 한복의 장이 열렸다.

오늘날의 한복 좌표는 한국 패션 문화 속에서 혼재된 형태로 자리 잡고 있다. 최근 K-팝, K-드라마 등의 영향으로 한복에 대한 국내외 관심이 상승하고, SNS 매체를 통해 콘텐츠가 확산되며 전통 한복과 현대화된 한복 수요도 급증하고 있다. 전통 복식 문화의 연구 방법과 그 전개 방향 또한 첨단 산업 시대의 의류 산업과 맞물려 새로운 길을 모색해야 할 때다. 여기에 한푸(漢服, Hanfu) 논쟁까지 더해지며 한복에 대한 관심도가 높아지고 있다. 한복의 개념과 역사 교육부터 학계와 산업계의 다양한 쟁점까지 풀어야 할 숙제가 많지만 가장 손쉬운 접근 방법으로 검색창을 열고 찾아보는 방법이 있다. 그러나 이는 내국인에게만 해당하는 접근 방식이며, 세계적인 추세는 AI를 사용하는 것이 더 쉬운 접근법이다. 생성형 AI 기술과의 접목은 한복 산업에 새로운 활력을 불어넣을 것이다. 다양한 가능성을 품고 전통 한복의 방향성을 구체화해야 한다. 이때 AI 기술과의 융합은 시대적 필연이 될 것이다.

생성형 AI 기술과 한복 문화

의류 산업과 융합한 AI는 패션 산업의 패러다임을 크게 변화시키고 있음이 분명하다. 이제 AI는 디자인, 제조, 유통, 마케팅 등 패션 산업의 전 분야에 걸쳐 혁신을 가져오고 있으니 말이다. AI를 활용하여 창의적 디자인을 빠르게 구상·시각화하며 방대한 데이터를 분석하여 더 정확하고 신속하게 패션 트렌드를 예측한다. 이러한 예측과 분석을 통해 기업은 상품을 기획하고 가격 전략을 수립할 수 있으며 제조 및 유통 과정을 최적화하여 생산 효율성을 높이고 있다. 또 AI는 메타버스 플랫폼에서 콘텐츠를 생성하고, 고객의 취향을 분석하여 맞춤형 패션 아이템을 추천한다. 3차원 인체 스캔을 통한 가상 피팅과 증강현실(AR) 런웨이, 자동 패턴 설계와 가상 봉제 등도 한복 산업에 새로운 활력을 불어넣고 있다. 이를 통해 기업은 디지털 고객 경험을 향상하고, 더 나은 비즈니스 의사 결정을 하게 함으로 지속 가능한 경쟁 우위 구축을 실현할 수 있을 것이다.

3D 모델링을 통해 디지털 프린팅으로 한복 장신구 입체 모형을 구현하고, 유물을 복원하고 재창조 및 재생산하는 작업들도 이루어지고 있다. 이러한 시도들은 전통 산업의 새로운 방향을 제시하며, 전통 한복의 가치를 현대적으로 재해석하는 데 중요한 역할을 하고 있다.

실례로 메종 메타가 주최한 세계 최초의 AI 패션위크에서는 생성형 AI를 활용한 혁신적인 디자인들을 선보였다. 또한 H&M의 크리에이터 스튜디오는 생성형 AI 기술을 활용해 누구나 쉽게 옷을 디자인할 수 있는 서비스를 제공하고 있으며 LVMH는 마이크로소프트와 협력하여 클라우드 기반의 AI 플랫폼을 구축했다. 이와 같은 패션 산업의 사례를 통해 AI를 한복 산업에도 효과적으로 활용하는 방법을 모색할 수 있다.

패션 산업은 이미 생성형 AI의 활용에 의해 크게 변화하고 있다. AI는 단순한 자동화를 넘어 인간 창의성을 보완하고 증폭하는 도구로 발전할 것으로 기대된다.

현재 챗GPT(ChatGPT), 달리(DALL-E), 마이크로소프트 빙(Bing) 이미지 생성기에게 한복에 관하여 질문하는 방법(Text-to-Image)으로 이미지 자료를 요청했을 때 답변에 오류가 많은 것이 현실이다. 대부분 전통 한복 이미지는 중국의 민속복이나 일본 전통복 등이 혼합되어 추출되었다. 한국인 중장년층에게는 한복이 아닌 느낌이 크게 들지만 전통 한복 이미지에 대한 사전 정보가 없는 MZ세대나 외국인이 봤을 때에는 AI가 제시한 그것이 한복이라고 인지할 수밖에 없다는 것이 안타까운 사실이다. 인공지능이 학습한 한국 전통 한복의 원형에 대한 데이터가 일본과 중국의 자료에 비해 턱없이 부족한 수준이므로 우리 고유의 복식인 한복의 아름다움과 디자인을 활용하지 못하고 있는 것은 어쩌면 당연한 결과다. 따라서 다량의 이미지 자료를 입력하여 초거대 AI를 학습시킬 수 있는 데이터셋을 구축하는 일이 매우 시급한 때다. 생성형 AI에게 한복을 학습시키기 위한 기초 자료 입력 프로젝트는 정확한 자료를 학습이 될 만큼 많이 입력하는 것이 관건이다. 방법을 간단히 설명하자면 다음과 같다. 시대, 종류, 신분, 상황, 연령, 성별, 소재 등에 따른 다양한 한복을 수집하여 분류한다. 배경을 동일하게 한 후 모델에게 입히고 3D 스튜디오에서 360도 촬영한다. 장신구나 의복 부속품은 평면적인 설명을 위해 2D로도 촬영한다. 2D, 3D의 한복과 장신구 수백만 장의 데이터를 정제하고 정보를 입력한다. 라벨링한 각 자료를 생성형 AI에게 학습시켜 결과를 도출하고 검증과 수정 단계를 거쳐 학습 효율을 증대한다.

이 책은 한복 문화에 관심 있는 젊은 세대와 한복 관련 의상학과 학생 및 교수, 기능장, 디자이너, 패턴사, 봉제사, 마케터 등 의류업 종사자와 한복 패션에 관심 있는 일반인에 이르기까지 폭넓은 독자에게 쉽게 다가갈 수 있는 교양서다. 한국 전통 복식의 내일을 위한 생존 방식 탐구로 생성형 인공지능을 활용한 다방면의 시도와 연구를 모은 안내서로 2024년 의류 산업 중 특히 한복 패션 업계에 시작된 변화의 바람을 구체적인 사례를 들어 알려 준다. 교양의 관점에서 그리고 지금보다 조금은 더 현명하게 산업 사회의 변화를 읽고자 하는 이들에게 소소한 가이드가 되길 바라며 독자들이 본질적인 부분은 고집스럽게 지켜 내면서도 새로운 변화에 유연하게 대처할 수 있으면 좋겠다.

이 책의 목표는 AI 기술을 통해 전통 한복의 가치를 재발견하고 이를 현대적으로 재해석하는 데 있다. 이를 통해 전통 한복의 보존과 발전에 기여하고, 더 나아가 전 세계에 한국의 전통 문화를 알리고자 한다. 전통 한복은 한국의 역사와 문화, 그리고 미적 가치를 담고 있는 중요한 유산이다. 그러나 현대 사회에서 그 가치를 유지하고 발전시키기 위해서는 새로운 접근이 필요하다. 그래서 작은 지면을 빌려 전통 한복의 방향성에 대한 고민과 전통 한복과 인공지능의 융합을 통해 새로운 가능성을 탐구하는 여정을 담으려 노력했다. 이 책은 AI 기술을 활용하여 전통 한복의 연구, 보존, 그리고 창조적 재해석을 시도하고자 하는 하나의 작은 발걸음이기 되길 바라는 마음의 내딛기다.

01
한복의 역사와 시대별 특징

우리 옷의 기본적인 구성과 명칭을 살펴본다. 고대부터 근대까지 전개된 역사적 흐름과 복식사적 맥락을 이해하며 한복의 시대별 특징을 구분 지을 수 있게 이천 년의 시간을 한정된 페이지에 압축 설명했다.

한복의 역사를 이야기하자면, 우리 민족 옷의 기본형인 상의와 바지의 흔적을 따라 고대로 거슬러 올라가는 것이 일반적이다. 기원전 3000년경 신석기 유적에서 방추차와 뼈로 만든 바늘에 마(麻)로 된 실이 꿰어져 있어 옷을 지어 입었던 것으로 추측한다. 우리나라는 북방 유라시아 지역 스키타이 문화의 영향을 받았다. 스키타이 문화는 유목 생활을 기반으로 기마 민족의 특성을 지녔다. 머리에는 끝이 뾰족한 모자[conical hat, 변형모(弁形帽)]를 쓰고 가죽 부츠를 신었다. 상의와 하의를 구분해 입는 양식으로 여밈이 있는 저고리에 허리띠를 맸다. 이는 유럽이나 동아시아 복식과도 다른 형태로 드레이퍼리형의 그리스 복식이나 중국의 대표적인 한족(漢族)의 긴 포류와도 구별되는 점이다. 헤로도토스는 기원전 430년에 기록한《역사》에서 "스키타이왕이면서 스키타이 복장을 싫어해 (중략) 혼자 그리스복으로 갈아입고"라고 설명해 스키타이인의 복장이 그리스인과는 달랐음을 언급했다. 우리 민족의 상의는 곧은 깃이 달려 있고 깊이 여며지며 소매통이 좁고 길이가 엉덩이까지 내려오는 옷으로 가장자리에 굵은 선을 둘렀다. 하의는 비교적 통이 좁은 바지로 밑에 트임이 있거나 트인 부분에 천을 대어 막힌 형태였다. 치마는 바지 위에 착용했으며, 남자는 의례용으로 짧게, 여자는 일상과 의례용으로 길게 입었다.

부족 국가 시대 복식은 《사기(史記)》 〈조선열전〉에 '추결만이복(椎結蠻夷服)'에 관한 기록이 나온다. '추결'은 고대 우리나라 머리 장식인 상투를 말하며 '만이복'은 《한서(漢書)》 〈조선전〉에도 등장하는 것으로 중국 복식과는 다른 호복(胡服)을 칭하는 것이다.

삼국시대 복식

고구려 복식은 수산리 고분 벽화를 통해 알 수 있는데 다양한 색깔로 장식된 주름치마 위에 엉덩이를 충분히 덮는 길이의 저고리를 입고 허리에 띠를 둘러맸다. 치마의 주름 표현은 여러 색의 쪽을 길게 이어 붙였는지 접어서 만든 플리츠인지 정확히 밝혀지지 않았다. 하지만 이와 같은 다채로운 색의 주름치마가 동시대의 당나라 여인도와 일본 다카마스총(高松塚) 부인상에서 유사한 형태로 묘사되어 당대에 유행했던 치마 디자인의 하나였던 것으로 보이며 후대 색동치마와 유사한 형태로 추정된다.

백제에서는 여러 문헌 자료에 등장하는 다양한 직물 명칭만큼이나 고급 기술력을 바탕으로 매우 섬세한 공예품으로서의 가치가 있는 수준 높은 복식을 착용했음을 추정해 볼 수 있다. 무령왕릉에서 발견된 작은 직물 조각에서는 중조직 직물인 금(錦)이나 얇고 정교한 라(羅) 직물 등을 확인할 수 있다. 이 외에도 다양한 종류의 당시 직물은 납세의 수단으로 사용될 만큼 유통도 활발했다. 염립본이 그린 〈왕회도〉에 묘사된 백제 사신의 모습은 황색 바지에 녹색 저고리를 입었는데 저고리 가장자리에 붉은 선을 굵게 둘렀고 어깨와 이어지는 상완 부분에 화려한 무늬가 장식되어 있다.

신라 복식은 〈왕회도〉에 나타난 신라 사신의 모습에서 바지저고리 차림으로 눈에 띄는 문양이나 장식 없이 매우 소박하게 표현되어 있다. 그러나 관직에 따라 복식의 색상을 달리한 것과 천마총에서 출토된 다양한 관모 장식 등은 법흥왕 10년에 시행되었던 공복 제도 기록의 근거가 된다.

신라가 삼국을 통일한 이후 통일신라 시대의 복식에는 당나라풍이 반영되었다. 여인의 차림새에서도 저고리 위에 치마를 착용한 모습이나 당나라 헤어스타일인 높이 올린 머리가 용강동에서 출토된 토용에서 확인된다. 귀족 사회에는 당나라 스타일이 선호되나 일반 서민들에게는 쪽 찐 머리를 하거나 고유 양식의 한복 차림을 여전히 입는 복식의 이중 구조가 나타났다. 이 시기에 직조 기술도 매우 발달하여 다양한 직물 명칭이 등장함과 더불어 사치가 만연하여 흥덕왕 대에 이르러서는 진골부터 평민에 이르기까지 계급별로 차등을 두는 복식금제까지 나오게 되었다. 흥덕왕 복식금제에 나타난 문양과 직물 사용에 대한 제한으로 당시의 복식 문화가 얼마나 발달했는지 역으로 짐작해 볼 수 있다.

고려시대 복식

고려시대에는 통일신라의 발달한 화려한 문화가 경제적 번영으로 이어져 공예 분야에서도 괄목할 만한 진전을 보였다. 고려청자, 나전칠기, 한지 등의 수공예 산업이 세계적으로 그 우수성을 인정받았다. 고려 복식은 신라 복식을 계승하여 착용하다가 외래 문화의 영향을 받은 시기에 따라 300년간은 송나라의 영향을, 100년간은 원나라의 영향을 받았다. 원나라의 영향을 받았던 시기에 원나라 왕실 구성원과 귀족들이 고려의 처녀들과 혼인하였기 때문에 우리나라에는 개체변발과 몽고 복식이 유행하였고, 몽고에는 '고려양'이라는 말이 생길 정도로 고려의 풍습과 패션이 유행하여 이때 이미 K-패션의 원조가 있었다고 볼 수 있다. 이처럼 고려 복식은 통일신라의 복식을 토대로 송, 원, 명의 문화를 수용하여 보다 화려하고 다채롭게 발전시켜 나갔다. 서긍의 《선화봉사고려도경(宣和奉使高麗圖經)》을 비롯해 《고려사절요(高麗史節要)》, 어학 교재였던 《노걸대(老乞大)》, 《박통사(朴通事)》, 국가의 의례를 정리한 《상정고금례(詳定古今禮)》의 기록에서는 고려시대 생활상을 엿볼 수 있다. 불화, 초상화, 계회도 등의 그림 속에 표현된 복식 및 1302년 아미타불, 해인사 비로자나불 등 불상 속에 넣어 진공 상태를 유지한 불복장품을 통해 생생한 고려시대 복식들을 확인할 수 있다.

조선 시대 복식

조선 시대는 한국 복식사의 대부분을 차지하고 있다 해도 과언이 아닐 만큼 다양한 문헌과 유물을 바탕으로 연구가 집중되어 있다. 조선왕조가 유지되었던 500년을 크게 다섯 시기로 구분해 볼 수 있다.

첫째, 태조부터 성종 대에 이르는 100여 년간은 고려의 제도를 답습하면서 점차 왕권을 강화하고 위계질서를 확립하는 수단으로 복식이 사용되었다.

둘째, 연산군부터 선조 말까지 100여 년은 안으로는 당쟁, 밖으로는 임진왜란과 병자호란 등 전쟁을 겪으며 국력이 추락하고 제도가 어지러워지는 상황에 다양하던 직물과 포제가 단순화되기도 했다. 또 화폐경제의 발달로 부를 축적한 중인 계급의 급부상으로 복식에 의한 신분 구분이 다소 흐트러졌다. 유교와 성리학의 전파로 복식에 절제와 검약이 표현되기도 했다.

셋째, 광해군부터 영·정조 말까지의 200여 년간은 유럽에서는 르네상스인 문예부흥이 일고 중국 명나라가 청나라로 교체되던 시기로 우리나라에서도 실학이 성장하고 문화의 꽃을 피우게 되었다. 이 시기의 풍속화는 당시의 복식 문화를 여실히 보여 주는 귀중한 자료다.

넷째, 순조부터 고종까지의 약 100년간은 유교와 실학이 강화된 바탕에 천주교와 서양 문물의 전파로 문호를 개방한 때다. 상투를 자르는 단발령이 내려지고 서양복이 고유 복식과 혼용되어 나타났다.

다섯째, 1910년 한일합병 이후 조선왕조는 막을 내리고 일제강점기를 겪으며 민족문화의 말살을 경험하며 근현대기로 이행하게 된다.

조선 시대 남자 복식, 여자 복식, 궁중 복식

조선의 기본 복식은 남자는 저고리와 바지를 기본으로 겉옷으로 다양한 포(袍)를 입으며 옷만큼 머리에 쓰는 관(冠)에 신경을 썼다. 여자는 저고리에 속바지를 입고 치마를 입었는데 내외법이 강화되어 외출 시에는 장옷이나 쓰개치마를 착용했다. 궁중에서는 기본 복식인 저고리와 바지, 치마에 예법과 격식에 맞는 다양한 제도에 따라 복식을 갖추었다.

저고리는 소재와 구성 양식에 따라 다양한 명칭을 붙였는데 견, 주, 초, 금 등 다양한 소재에 홑적삼, 겹, 솜, 누비, 삼회장 등 구성 양식이 있다. 바지는 밑이 트인 개당고와 막힌 합당고, 홑, 겹, 솜, 누비 등의 명칭을 붙일 수 있다. 남자의 포는 심의, 창의, 도포, 중치막, 철릭, 액주름, 주의, 답호, 전복, 배자, 학창의 등이 대표적이다. 남자의 외출용 포의 종류가 이토록 다양한 반면, 여자는 상대적으로 저고리의 디자인이 다채로웠다고 할 수 있다. 긴 왕조를 거치는 동안 길이와 품, 소재, 장식 등 본질은 유지하되 저고리 디자인은 매우 창의적인 발전을 거듭하며 전개되었다.

궁중 복식은 왕과 왕세자, 비빈과 공주·옹주를 비롯한 종친과 문무백관들의 복식을 중심으로 살펴볼 수 있다. 왕의 가장 큰 법복은 면류관에 면복을 입는 것으로 종묘사직에 제사를 지낼 때나 책봉과 가례 시에 착용한다. 그다음은 조복으로 정조(正朝)·동지(冬至)·삭망(朔望) 등 의식에는 원류관에 강사포를 입는다. 그리고 평소 집무복으로 익선관을 쓰고 곤룡포를 입는다. 왕비의 법복으로는 머리에 적관이나 대수를 하고 적의를 입는다. 다음가는 예복은 노의, 장삼, 원삼으로 어여머리, 떠구지 등과 함께 장식한다. 평상시 소례복으로는 당의를 주로 입는데 왕비 이하 상궁 및 입궐하는 사대부가 여인들도 입는다. 백관들도 제복, 조복, 공복, 상복, 시복 등 행사의 종류와 직급에 따라 다양한 복식이 있으며, 초상화나 기록화에서는 문무백관들이 집무 시에 사모를 쓰고 둥근 깃의 단령을 착용한 모습을 가장 많이 볼 수 있다.

근대 복식

개항(1876년) 이후 유입된 서양 문물은 1894년 갑오경장을 기점으로 한복의 변화를 가져왔다. 갑신의제개혁은 관리들의 관복을 간소화했고, 단발령은 상투를 자르고 하이칼라 스타일로 바꾸었다. 남자 한복은 청에서 귀국한 흥선대원군이 착용한 마괘의 영향으로 마고자와 서양 프록코트 안에 입던 포켓과 단추가 있는 조끼 형태로 변화했다. 여자 한복은 치마폭이 좁아지고 길이가 짧아지면서 가슴을 조이던 허리말기 대신 서양식 조끼허리를 붙여 활동하기 편하도록 고쳐 입었다. 저고리는 갑

오경장 무렵 가장 짧은 길이인 20cm 안팎으로 타이트한 소매였다가 1910~1920년대에 조금 길어져 23cm, 1930년대에 30cm 정도로 길어지고 배래의 곡선이 둥글게 바뀌고, 1940년대에 40cm까지 길어져 활동이 편해졌고 짧은 옷고름이나 단추 혹은 브로치로 여몄다.

참고문헌

국사편찬위원회(2006). 《옷차림의 치장과 변천》. 두산동아.
황의숙 외(2010). 《아름다운 한국복식》. 수학사.

02
전통 복식 문화의 전개

장인으로부터의 도제 방식에서 명맥을 이어 오던 수공업은 거의 사라졌다. 그러나 전승 유물과 출토 복식 및 문헌 연구를 통한 학술적 기반이 생기고 이를 바탕으로 전통 복식 디자이너가 생기면서 한복 산업이 활성화되었다.

AI와 MBTI?

관장제 수공업과 도제 방식

조선 시대에는 왕실에서 필요로 하는 복식과 군수품 등 여러 관청에서 필요로 하는 물품을 조달하기 위해 일정한 수의 장인을 관청에 예속시키고 관리하는 관장제 수공업 방식을 채택했다. 《경국대전》에 기록된 상의원(尙衣院) 소속 장인은 600여 명에 이르렀으며 복식에 관한 다양한 업무를 맡았다. 능라장(綾羅匠), 방직장(紡織匠) 등의 장인이 속한 각종 직물을 제직하는 부서, 홍염장(紅染匠), 청염장(靑染匠) 등이 속한 염색하는 부서, 침선장(針線匠), 다회장(多繪匠), 매듭장(每緝匠) 등이 속한 옷을 만드는 부서, 도련장(搗鍊匠), 세답장(洗踏匠) 등이 속한 세탁하는 부서, 망건장(網巾匠), 양태장(凉太匠) 등이 소속된 관모를 만드는 부서, 화장(華匠), 삽혜장(靸鞋匠) 등이 있는 신발을 만드는 부서, 숙피장(熟皮匠), 모관장(毛冠匠) 등이 속한 가죽을 다루는 부서 등 부서의 종류만 해도 수십 가지에 이른다.

조선 시대만 하더라도 옷을 손수 지어 입었기 때문에 양반가 규수가 자수 디자인도 하고, 여염집의 부녀자들 모두가 디자이너의 역할을 했다. 왕실의 디자인이 민가에 전해지고, 기녀(妓女)의 스타일이 여염집 부녀들에게까지 유행되었다. 이들 모두 최고의 찬사가 아깝지 않은 원조 디자이너였다. 당시에는 디자이너라는 개념이 없었을지라도 오늘날 전해지는 유물의 독창성이나 퀄리티를 보면 우리나라 여성들은 모두가 디자이너의 소양을 충분히 갖추고 있었다 해도 과언이 아니다. 세계 어느 곳에 내놔도 훌륭한 작품성에 감탄하지 않는 사람이 없기 때문이다. 그러나 사회가 산업화하면서 수공예 방식이 사라지고 기계적인 대량생산으로 바뀌어 전통 방식의 공예에 가까운 한복이 그 명맥을 이어 나가는 유일한 방법은 도제(徒弟)식 전수뿐이다. 연륜 있는 장인의 기술을 젊은 제자에게 직접 전수하는 이른바 전문가 훈련 코스라고 할 수 있다. 중세 유럽에서도 행해졌던 방식인데 우리나라에서는 현재 국가 무형유산전수교육관(전 무형문화재 전수관)을 통해 입주 교육, 일반인 강습 등을 지원하고 있다.

출토 복식과 문헌 연구

건설업 붐이 일던 1970~1980년대는 여기저기 국토 개발이 이루어졌다. 아파트 현장마다 분묘 이장을 하면서 유물이 많이 발굴되었다. 복식사를 가르치시던 교수님들 중에는 분묘를 이장할 때 복식 전문가로서 참여하셨던 이야기를 생생히 들려주신 분들이 있다. 관 하나에서

많게는 백여 벌의 옷이 나오기도 한다. 시신을 직접 감싸는 수의를 비롯해 가족들의 옷까지 평소에 입으시던 옷을 관의 빈 공간에 보공용으로 빼곡하게 채웠기 때문이다. 매장 문화가 독특했던 조선 시대 출토 복식이 다량 수습되어 실증적인 복식사 연구가 활발해졌다. 《조선왕조실록》이나 각종 의궤, 발기, 문집 등 고문헌으로만 기록되었던 복식이나 직물 용어들을 증언과 추정으로 배웠다면 실물 자료인 출토 유물로 검증해 볼 수 있는 경우는 복식사 연구에서 매우 중요한 발견이 아닐 수 없다. 문헌 연구가 활발해진 데도 고문헌 자료가 인쇄된 종이에서 디지털 자료로 변환되면서 자료 연구에 속도가 붙고 학제 간 융합도 다양해진 영향이 있다.

디자이너 전성시대

학회에서 복식 연구가 활발해지고 복식사의 학문적 체계가 잡혀 가면서 한복의 다양한 종류와 디자인을 학계에서 제시하게 되었다. 그러면 업계에서는 여기서 디자인의 영감을 얻어 시중에서 몰랐던 새로운 소재나 디자인의 한복을 제시하는 선순환이 이루어졌다. 때마침 88 올림픽 이후 경제 성장과 더불어 1990년대 한복 산업이 혼수 시장과 맞물려 전성기를 맞이하게 되면서 맞춤 한복집과 한복디자이너들이 등장하게 되었다. 1959년 국제 미인 대회에 등장한 노라노의 아리랑 드레스, 문화재 국보 지정이 있었던 1962년 최경자의 청자드레스 등 1세대 한복 디자이너들의 시도가 한복 디자인의 출발점이 되었고 이후, 이리자, 이영희는 전통적인 한복의 아름다움을 선보였다. 이상봉, 앙드레 김 등의 양장 디자이너도 한국적인 요소를 활용한 디자인을 선보였다.

한편으로 개량한복, 생활한복이라는 이름으로 관리가 편한 한복 스타일의 간편복도 하나의 시장을 형성했다.

다양한 콘텐츠로 만나는 전통문화

2000년대 이후에는 전통 복식이 콘텐츠화되어 게임의 요소나 문화 상품으로 개발되는 등 다양한 공예와 산업 디자인의 모티브로 사용되고 있다.

명절이나 결혼식 등 특별한 날에만 입는 예복으로 인식되던 한복이 혁신적인 디자이너들의 재창조로 다시 주목받기 시작했다. 이영희의 바람의 옷처럼 한복에서 저고리를 삭제한 과감함은 당시 대단한 파격이 아닐 수 없었다. 패션 잡지에서 연출한 현대적인 스타일링의 한복도 한몫했다.

이러한 디자이너들의 과감하고 파격적인 시도에도 불

구하고 이것은 한복이 아니라는 전통과 개혁 사이의 논란이 또한 뜨겁다. 경복궁 근처의 한복 대여점도 도마 위에 오르긴 마찬가지다. 아주 잘 알려진 너무나도 아름다운 신윤복의 〈미인도〉 속 여인의 옷도 저고리는 너무 짧고 치마는 너무 넓고 긴 형태로 흔히 하후상박(下厚上薄)이라고 하는데 조선 시대에는 요상한 복식 풍조라 지탄을 받았다. 이뿐인가? 17세기 출토 복식 유물로 입혀진 수의(壽衣)는 코트 개념의 포 위에 저고리를 입은 독특한 착장 상태로 발굴되었으며, 백성들이 선왕의 의복 제도를 따르지 아니하고 사치를 일삼는다며 여자가 남자 옷을 입는(boyfriend look, genderless) 풍조, 사치 풍조를 비판한 기록도 있다. 이렇듯 시대마다 한복 논란은 늘 존재했음을 알 수 있다. 논란은 다시 말해, 새로운 시각으로 해석될 수 있는데 그렇다면, 오늘의 한복은 어떤 상황인가?

한복 산업이나 시장에 존재하는 현상을 소비자와 생산자, 시장 변화와 마케팅 관점에서 살펴보겠다.

첫째, 소비자는 SNS를 통해 경험을 소비하고 확산시킨다. '한복 입고 여행 가자', '청와대 개방 이후 녹지원 산책 등 한복 체험', '한복을 입으면 경복궁 무료 입장' 등 한복을 입고 사진 찍는 것은 요즘 세대에게 새로운 놀이 문화로 자리 잡고 있다. 한복을 입는 것 자체가 너무 신선하고 세상 힙함의 또 다른 표현이 되었다.

둘째, 생산자의 측면에서는 한복 원단으로 정장을 만들어 한복 소재를 현대복에 차용한다든지, 칼라(collar)에 깃 모양이나 소매에 멀티 컬러(multi color, 색동)를 적용하여 디자인의 변화를 가져오거나 조선 시대 군복의 하나인 철릭이라는 아이템을 수용하여 원피스로 활용하는 경우가 있다. 이 외에도 궁중에서 사용하던 보자기 무늬를 패턴화하여 다양한 콘텐츠로 활용하는 방법 등 다양한 시도가 계속되고 있다.

셋째, 최근 기후환경 문제가 대두됨에 따라 소비자의 인식 변화가 일어나고 있고 기업들도 환경 개선을 마케팅의 도구로 활용하고 있다. 한복 기업도 핵심 가치를 환경 문제 인식과 지속 가능성에 두는 등 변화된 시장에 대응하기 시작했다.

새로운 가치 소비에 재조명되는 한복은 대중에게 소개했을 때 숨겨진 보물 같은 스토리를 끄집어내 표현할 수 있다. 이런 스토리텔링 마케팅이 세일즈 포인트라 할 수 있을 만큼 한복 시장이 변화하고 있다.

오늘의 한복이 단순한 옷을 넘어 체험이 되고 경험과 가치를 소비하는 문화로 자리매김하고 있는 그 이유는 바로 '전통과 파격의 만남'이라는 인식 전환이 있었기 때문이다.

참고문헌

김소현(2017). 《조선왕실 여인들의 복식》. 민속원.

03

오늘날 한복의 좌표

디지털 시대가 되면서 전통 복식이 콘텐츠가 되었고 한복을 경험하고 체험하는 것이 놀이 문화의 소재로 새롭게 등장했다. 한복의 재해석, SNS 놀이 문화 확산, 전통의 현대화 등 문화의 힘은 국가문화유산으로서의 경쟁력을 갖추는 데 필수불가결한 경제 논리로 작용하기에 시대적 변화 요구에 보다 적극적인 대응이 필요하다.

AI와 난임 극복?

국가유산

1947년 백범 김구 선생이 쓰신 〈나의 소원〉의 한 구절이다. "오직 한없이 가지고 싶은 것은 높은 문화의 힘이다. 문화의 힘은 우리 자신을 행복되게 하고, 나아가서 남에게 행복을 주겠기 때문이다. 지금 인류에게 부족한 것은 무력도 아니오, 경제력도 아니다." 여기서 말하는 문화의 힘이란 나라를 잃은 절박한 상황에서 필요한 무력이나 경제력이 아니라 그 어떤 것보다 중요한 철학과 사상이 응축된 민족의 정체성일 것이다. 우리 민족의 정체성은 여러 가지 유형과 무형의 유산 속에 그대로 녹아 있게 된다.

'문화유산'은 1962년 제정한 문화재 보호법 아래 유지되어 온 문화재 체계다. 2024년 5월 17일 시행된 '국가문화유산 기본법'에서는 '문화재'를 '국가유산'으로, '문화재청'을 '국가유산청'으로 그 명칭을 바꾸었다.

조금 더 세부적으로 구분하자면 문화유산은 국보, 보물, 사적, 민속문화재 등의 유형유산을, 자연유산은 천연기념물, 명승지 등 자연과 관련된 유산을 일컫는다. 또 무형유산은 전통 공연, 공예 기술, 생활 관습, 민간 신앙 의식 등을 가리킨다. 한복은 의례 등 생활 관습에 사용되는데 염원이나 상징 등 개인적인 신앙과 미의식도 포함되어 있으며 공예와 기술적인 요소들이 포함된다. 형태가 눈에 보이는 유형적인 측면이 도드라진다고 생각할 수 있지만 무형유산적 요소가 매우 깊게 깔려 있다.

한복 생활

한복은 2022년 7월 20일 '국가 무형유산'으로 지정되었다. 무형유산은 '한복 생활'이라는 이름으로 등재되었으며, 한국 전통 복식인 한복을 착용하고 생활하는 문화적 관습을 포괄하는 개념이다. 바지-저고리, 치마-저고리로 이루어진 2부식 구조로 옷고름을 갖추고 있는 한복을 만들어 예절, 격식, 형식이 필요한 의례, 관습, 놀이 등에 맞춰 착용 순서에 따라 입고 향유하는 문화를 뜻한다.

명칭뿐만 아니라 정책 방향의 변화도 있다. 나라에서는 '단순한 보존과 규제'에서 '산업적 활용과 진흥'으로 확장을 적극 권장하고 있다. 이는 한복을 단순한 물건 이상의 가치를 지닌 생활 관습을 포괄적으로 아우르고 있다. 또 여기에는 한복이 단순한 의복을 넘어 우리 민족의 정체성, 가치, 공동체적 의미를 대표하는 중요한 문화적 자산임을 인정하며 한복과 관련된 전통이 현대생활 속에서도 지속적으로 계승되고 발전할 수 있도록 보호하고자 하는 국가적 의지가 반영되어 있다.

복식은 문화적 산물의 정수이므로 옷만 입는다고 이해되는 것이 아니고 그 문화를 향유함으로 온전히 누릴 수 있기 때문에 옷 자체만이 아닌 의생활 전반이 수반되어야 한다. 우리의 의생활을 통해 전통을 재해석하거나 오롯이 계승하기도 하여 새롭게 체험함으로 이 문화가 확산되어 문화유산으로서의 국가 경쟁력을 갖추게 된다면, 어쩌면 김구 선생이 그토록 바라던 문화의 힘이 표현되는 하나의 방법이 아닐까 생각해 본다.

한복 교육

아이러니하게도 한복에 대한 대중의 관심이 날로 증가하는 것과 대비되게 대학의 한복 교육은 축소되는 상황이다. 한복 관련 전공 전임교수가 없는 대학이 많은 것이 현실이다. 2022년 기준 국공립, 사립, 4년제, 2-3년제, 원격(디지털) 대학을 모두 포함한 21개교에만 한복 관련 전공 전임교수가 존재한다.

한복 산업이 발전하기 위해서는 한복 전문 지식을 갖춘 인재 양성이 선행되어야 하는데 지금의 현실은 한복 제작 실기 수업과 한국 복식사 이론 수업 정도가 대학의 주된 한복 관련 수업이다. 한복 수업이 취업과 직접적인 연관이 없고 취업률이 상대적으로 매우 낮기 때문에 대학별 평가에서 관련 학과와 수업이 구조조정을 당할 수밖에 없는 구조다. 수강생의 요구에 부합하는 다양한 관련 교과목이 필요하며, 교육의 연속성과 질적 향상을 담보하고 전통 방법에 국한되지 않는 획기적인 융합 과목의 개설을 추진해야 할 때다. 창의적인 창업 관련 정책 지원과 산학 및 지역 공동체와의 상생을 통해 역량을 키워야 국가 경제에 이바지할 수 있는 K컬처의 힘이 될 수 있다.

일상 한복

한복을 자랑스러운 K문화로 성장시키려면 반드시 한복을 향유하는 문화가 일상에 자리 잡아야 한다. 일생에 한 번 있는 결혼식이나 기억에도 없는 망자의 옷으로만 입혀진다면 한복은 결코 생활 깊숙이 스며들어 함께 숨 쉬는 문화 요소라고 할 수 없다.

그러기 위해 한복의 대중화와 일상화 차원에서 접근하고 고려해야 한다. 한복의 대중화는 널리 퍼져 친숙해지는 것을 의미하고 일상화는 날마다 늘 입을 수 있어야 함을 말한다. 대중화 일상화된 한복으로 개량한복, 생활

한복, 신한복, 패션한복이 있다. 개량한복의 개량(改良)은 좋게 고친다는 뜻으로 기존의 전통을 좋지 않은 것으로 규정하는 의미가 깔려 있어 요즘은 거의 사용하지 않고 생활한복이라는 용어가 사용된다. 생활한복은 한복이 예복화되어 일상과 멀어진 현실을 고려해 일상에서도 입을 수 있게 하자는 의도로 주로 편안한 휴식복의 형태로 디자인되었다. 2014년부터 한복의 대중화를 목표로 한 정부 차원의 프로젝트로 디자인과 소재 개발에 주력하며 근무복 형태의 보급을 추진하여 신한복이라는 용어를 사용하기도 했다.

최근 몇 년간은 한복 상점 등을 열어 한복의 범주를 캐주얼로 확대하여 패션한복의 개념이 대중문화로 자리잡고 있다. 아주 작은 소품이나 부분적인 요소만으로도 한복이라고, 한국적이라고 이야기하면 도대체 어디가 한복인지 하는 논란이 일기도 한다.

그렇다면 일본의 경우를 떠올려 보며 한복의 방향성을 예측해 보는 것도 방법이다. 일본에서는 전통 기모노와 편리한 유카타를 때와 장소에 맞게 적절히 착용하고 있으며 두 가지 복장이 고급화와 대중화의 길을 동시에 가고 있는 사례로 보아야 할 것이다. 어쨌든 그들은 각각의 옷을 입을 때와 장소를 계속해서 가지고 있으며, 누가 봐도 일본의 정체성과 본질을 저버리지 않고 유지하고 있다.

04
첨단산업 시대의 의류 산업

산업이 고도화되고 있는 이 시점에서 의류 산업의 방향성을 논한다. 새로운 시대로 전환하는 시점에서 위기를 맞은 한복 산업이 AI와 협업하여 성장 발전할 가능성을 엿볼 수 있다. 지속 가능한 산업으로서의 전통 복식을 제안하고 의미 있는 실무 시사점을 제시하는 것이 목적이다.

AI와 사주?

4차 산업과 패러다임의 전환

산업혁명이란 무엇인가. 간단히 말해 산업으로 인해 사회 문화 경제 등 생활양식이 급격하게 변화를 맞이하는 현상이다. 잘 알려진 바와 같이 세계는 증기기관의 개발로 기계화가 이루어진 1차 산업혁명, 전기 에너지를 기반으로 한 대량생산이 이루어진 2차 산업혁명을 거쳐 왔다. 컴퓨터와 인터넷의 보급으로 확산된 지식 정보가 연결된 3차 산업혁명에 이어 빅데이터와 AI 기술의 고도화로 인한 4차 산업의 거대한 물결 속으로 진입한 첨단산업 시대에 우리는 살고 있다.

이 시점에서 의류 산업을 논하는 것이 맞을까? 그것은 어쩌면 영국 산업혁명의 주요 발명품인 방적기와 직조기, 증기기관과 철도처럼 구시대의 산업을 논하는 것 같은 느낌이 아닐까. 게다가 한복은 사실상 산업화가 이루어졌다고 말하기도 어려운 부분이 있다. 하지만 인류는 여전히 옷을 입고 더 많은 종류의 옷을 필요로 하는, 변화하는 패션의 속성 때문에 옷장에서 그치지 않고 드레스룸의 수요가 점점 커지듯 패션 산업은 다양하게 변모해 산업혁명 이전부터 지금까지 이어지고 있다.

가내 수공업에 이어 부분적으로 관장제 수공업의 대상이었던 한복은 개항과 서구화의 물결에 밀려 일상복의 자리를 빼앗기고 의례복으로 자리 잡았으나 이제는 의례복의 자리마저 매우 축소되었다. 산업의 패러다임이 커다란 변화를 거듭하는 만큼 반비례한 전통이나 한복은 사라질 위기에 처했다. 더 이상 사라지기 전에 한복을 새롭게 포지셔닝하는 것이 필요한데 의류 산업에 적용된 첨단 기술을 한복에 대입해 봄으로 그 해법을 모색하고자 한다.

지속 가능성

패션 산업의 위기는 의류 폐기물과 환경 문제와 연관 지어 생각하지 않을 수 없다. 기후 위기 대응, 탄소 중립, 미세 플라스틱 저감, 친환경 공정 개발 등의 과제 해결을 목표로 여러 패션 브랜드가 앞다투어 친환경을 주제로 컬렉션을 하고 캠페인을 벌이며 전시나 팝업 스토어를 열어 환경 보호와 지속 가능한 패션 실현을 위해 노력하고 있다. 소비자들은 기업의 ESG(환경 사회 지배구조) 경영 중에서 환경에 대한 부분을 가장 중요하게 인식하고 있기 때문이다. 2023년 한국섬유패션 정책연구원의 국내 패션 기업 ESG 경영 및 설문조사 중 '패션기업 ESG 경영, 무엇이 가장 중요한가?'라는 질문의 답변으로 압도적 1위가 환경(75.3%)이었고 다음으로 사회(13.8%)

와 지배구조(10.5%)의 순이었다.

세계에서 쏟아지는 의류 폐기물은 과연 어떻게 될까?

현재 우리나라에서 버려지는 옷의 양은 실로 엄청난 수준이다. 환경부에 의해 2018년 6만 6천 톤이었던 의류 폐기물이 코로나19 이후 2022년에는 11만 톤까지 급증했고 2023년 상반기에만 이미 전년도의 기록을 육박한 것으로 보고되었다. 우리나라의 폐의류 수출 규모는 세계 5위로, 많은 양이 재활용을 위해 수출되지만 이렇게 수출되더라도 결국엔 버려지는 옷들이 생기게 된다. UN(국제연합)은 생산, 유통, 폐기에 이르는 패션 산업 전 과정에서 발생하는 탄소가 세계 탄소 배출량의 약 8~10%에 달한다고 밝혔다. 이는 음식, 건설업계에 이어 세 번째로 많은 배출량으로 특히 소재 생산 과정에서 탄소가스가 가장 많이 발생한다고 한다. 폴리에스테르가 의류 소재의 50% 이상을 차지한다는 점이 문제다. 폴리에스테르는 저렴하고 내구성이 좋지만 생산 과정에서 막대한 양의 온실가스를 배출하고, 분해되는 데까지는 엄청난 시간이 소요된다. 제품 생산부터 유통, 소비 이후 분리수거와 폐기에 이르는 전 과정이 일직선상으로 이어지는 선형경제 대신 수거 후 재활용되어 다시 자원으로 활용될 수 있는 순환경제가 의류 산업에서 특히 요구되는 사업 모델이다.

AI 기반의 패션 산업은 지속 가능성에 가치를 두고 의류 생산 단계별로 효율적 사업 모델의 확장을 꾀한다는 점에서 향후 산업의 발전에 중요한 열쇠다.

먼저, 기획 단계에서 AI 기술은 빅데이터와 알고리즘을 통해 새로운 소재와 디자인을 개발하고 생산 과정에서 에너지와 자원 사용을 최소화하는 방법을 모색할 수 있다. AI 기반 디자인 툴은 아이디어를 구체화하고 즉각 시각화하는 과정에서 유용하게 활용될 수 있으며 세계 유명 패션 학교들은 디지털 패션 과정을 커리큘럼에 포함하고 있다. 파슨스는 2022년 게임 플랫폼 로블록스와 협력해 디지털 패션 교육 프로그램을 출시했다. 이스티튜토 마랑고니는 올해 6월에 첫 번째 디지털 패션쇼를 개최했다. 센트럴 세인트 마틴은 호주 디지털 패션 레이블 마이애미(MYAMI) 스튜디오와 협력하고 있다.

둘째, AI 기반 패션 메타버스 플랫폼은 디자인과 마케팅으로 이익 창출 면에서 효율적이며 불필요한 소비를 절감하는 긍정적인 측면이 함께 있다.

셋째, AI는 소재 특성과 환경 영향을 분석하여 제조 과정에서 화학 물질을 대체하거나 재활용 가능한 소재를 개발하는 데 도움을 줄 수 있다. 따라서 AI 디자인은 디자인을 예측하고 가상 제작함으로써 실제 제작보다 비용을 절감하는 효율적인 측면을 도모할 수 있다.

미니멀리즘

1990년대에 유행했던 미니멀리즘. 왜 지금 또다시 유행할까? 2025년 패션 디자인은 청교도적 라이프스타일로 출발해 지나친 장식과 과시를 지양하는 이른바 '조용한 럭셔리'라는 겉으로 과시하지 않으면서도 세련되고 우아한 요소를 지향하는 미니멀리즘으로 회귀하는 경향이 있다.

지속 가능성과 관련해 패션, 미술, 디자인에 흐르는 예술 사조가 미니멀리즘이다. 미니멀리즘은 장식을 최소화하여 본질을 강조하는 표현 양식으로 절제된 실루엣과 색채를 사용해 단순함을 추구한다. 그러기 위해 형태(Shape), 질감(Texture), 색감(Color) 등을 일관적으로 사용한다. 또 여백이라는 여유 공간을 구성하는데 핵심 요소들 사이에 간격을 충분히 확보해 여유 공간을 생성한다. 여기에 창의적인 발상이 동원되고 색 사용은 최소화하는 경향이 있다. 색상은 뉴트럴 톤, 베이지, 카멜 등을 주조로 해 심리적 안정과 편안함을 주어 시간이 지나도 질리지 않는 클래식함이 존재한다. "LESS is more."

적을수록 풍요롭다는 미니멀리즘의 철학적 슬로건은 본질적인 가치에 집중하도록 정신적인 여유와 진정한 의미를 찾는 데 집중하게 한다. 이는 곧 겉으로 드러난 소유가 아닌 관계와 경험의 내면적 가치를 중요시하는 것과 연결된다. 또 환경을 고려해 불필요한 과잉을 줄이고 지속 가능한 소비를 지향하게 하며 친환경 소재와 방법을 사용해 내구성 있는 재료를 선택하게 한다. 오래된 감성의 의류나 가구를 현대적인 디자인과 믹스 앤드 매치하여 새로운 감각을 연출하는 빈티지 스타일링이나 업사이클링도 지속 가능한 사조의 일환으로 미니멀리즘과 함께 각광받고 있다. 테크놀로지와 빈티지의 결합, AI와 전통의 융합이 그래서 핵심 트렌드로 연결되는 이유다. 복잡한 현대 사회에 미니멀리즘은 단순히 빼고 줄이는 것을 넘어 퀄리티와 의미에 초점을 두며 물질주의보다는 정신적인 사유에 집중한다. 단순한 아름다움을 넘어 환경과 자연을 배려하는 친환경적 트렌드에 편안함과 기술을 접목해 실용적인 특징을 반영한다. 실용성과 아름다움을 동시에 섭렵하는 특장점을 장착하는 자판디(JAPANDI) 스타일은 일본과 스칸디나비아 디자인의 간결함을 강조하고 자연과의 조화를 추구하는 최신 미니멀리즘의 경향이다.

05
AI 접목의 필요성과 유의점

의류 산업과 융합한 AI는 패션 산업의 패러다임을 크게 변화시키고 있음이 분명하다. 의류 산업에 관련된 AI 연구를 찾아 정리하고 한복에 대입해 본다. AI는 디자인, 제조, 유통, 마케팅 등 패션 산업의 전 분야에 걸쳐 혁신을 가져오고 있다. 다양한 활용 툴을 제시하고 적용 사례를 들며 동시에 제한점도 기술한다.

AI와 아이돌?

AX

AX는 AI Transformation의 약자로 AI를 통한 혁신을 의미한다. 인공지능의 영향력은 특정 분야에 국한되지 않고 전 산업으로 빠르게 확산되고 있다. AI는 마케팅, 예술 분야에서 새로운 표현의 도구가 되며 비즈니스 모델을 만들어 산업의 판도를 바꾸고 있다. AI 발전이 눈부시게 이루어지면서, 초반에는 거부감을 보였던 창작자 및 플랫폼, 기업 들이 이를 받아들이고 활발하게 활용하는 모습을 보이고 있다. 어도비, 셔터스톡이 나서서 저작권을 침범하지 않는 이미지 생성 모델을 개발하고 있으며, 인공지능 시대의 선구자로 불리는 오픈AI, 마이크로소프트, 구글 등과 같은 기업도 활발한 개발을 이어 나가고 있다. 덕분에 AI로 만든 글, 그림, 영상, 음악 등이 사람이 만든 것보다 더 자연스럽고 완벽한 모습으로 선보이고 있다. 현재 어도비 디자이너의 73%는 AI 툴을 사용하고 있으며 회사는 조만간 그 비율을 95%로 확대할 계획이라고 한다. 인공지능으로 인해 디자인 프로세스가 재구성되고 있는데 아이디어 발상, 프로토타이핑, 디자인 보완, 사용자 테스트 등 단계별로 AI를 활용하면 빠르고 효율적인 작업 진행이 가능해진다. 디자이너는 보다 창의적인 업무에 집중할 수 있어 전략적 업무 수행이 가능하다. 따라서 직무 역량이 재정의되고 있다. 과거에는 디자이너에게 요구되는 핵심 역량이 기술적 숙련도였다면 현재는 문제 해결 능력과 전략적 사고 즉, 디자이너의 근본으로 다시 돌아가고 있다. 이제 숙련된 기술로 아이디어를 구체화하고 실현할 수 있는 다양한 인공지능 툴로 인해 누구나 '크리에이터'로 활약할 수 있으며 패션 디자인 분야에서도 이러한 툴로 모든 디자인이 가능하고 심지어 실시간 수익 창출도 가능하다. 소비하고 즐기는 패션 상품이 더 이상 실물로만 존재하는 것이 아니라 메타버스 내의 패션 산업도 패션 산업, 패션 문화에 포함되어야 하는 시기가 도래한 것이다. 이제 디자이너에게는 이러한 산업 변화의 흐름을 인식하고 변화를 심도 있게 분석하며 대응 방향을 제시할 수 있는 능력이 요구된다. 디자이너는 단순 제작자가 아니라 전략적 사고와 기술적 이해를 겸비한 종합적 문제 해결자다. 전통적인 평면 패턴 메이킹 등의 그래픽 작업, 샘플링 등의 목업(mock-up) 작업의 수요가 뚜렷한 감소세로 들어섰고, 글쓰기 관련 일자리는 30.37%가 감소했으며 그래픽 디자인인 3D 모델링 수요는 17.01% 감소했다(MS & linkedin 공동 발표, 2024 작업동향지수 연례보고서, 하버드 비즈니스 리뷰 〈생성형 AI가 이미 노동시장에 미치고 있는 영향〉을 참고했다).

새로운 시대로의 전환 시점에서 위기를 맞은 한복 산업의 실태는 현장에서 느끼는 것과 자료를 통해 구체적으로 확인할 수 있다. 이 시점에서 한복 산업이 AI와 협업하여 성장 발전할 가능성들을 탐색하고자 한다. 선행 연구를 한복 산업만으로 한정하기에는 자료가 매우 부족하여 의류 산업 전반에 걸친 관련 연구를 조사함으로 활용 방안을 모색해 본다.

한국공예디자인문화진흥원의 "2022 한복산업 실태조사"에 따르면 제조업과 소매업 등 한복 산업 사업체 수가 2010년 5287개에서 2015년 4110개, 2020년에는 3608개로 매년 1천 개가량 감소했다. 그중 경기, 인천 지역의 한복 제조업체 수는 2010년 445개에서 2015년 282개로, 2020년에는 258개로 감소했다(이은진, 2023). 한복 시장이 이렇게 축소되는 데는 여러 가지 원인이 있는데, 더 심각한 문제는 한복 수요의 급감이 한복 인프라의 축소로 이어진다는 점이다. 현재 대학에서 한복을 전공으로 가르치는 곳은 단 한 곳도 없다. 유일하게 한복 관련 과목 수가 가장 많았던 배화여대 전통의상학과는 취업률이 낮다는 이유로 2016년 문을 닫았고 현재는 트렌드를 반영한 한복문화콘텐츠학과가 개설되었다. 박선영 한복

진흥센터 팀장은 "한복과 같은 전통 기술 학문은 보호 과목으로 지정해 육성해야 한다"며 "학생 수가 적더라도 꾸준히 학술 연구가 이뤄질 수 있도록 지원하고, 학점, 취업 등에 이익을 주는 등 정책적인 협의가 필요하다"라고 했다. 전통 기술이 제대로 전수되어야 문화가 성장하고, 수요도 늘 거라는 주장이다(김은영, 2018).

이렇듯 점차 축소되어 가고 있는 전통 산업에 새로운 돌파구로 AI를 적극 활용하여 산업을 활성화할 필요성이 있다. 전통 한복은 맞춤 중심으로 형성된 시장이라 재외국민이나 외국인 등 이 시장의 특성을 잘 알지 못하는 쇼퍼는 검증된 한복 상품을 찾기가 쉽지 않다. 각각의 한복 도소매점은 소규모라 브랜드 파워가 약하고, 품질과 가격 면에서 편차가 매우 크며, 디자인, 사이즈 정보 등도 비교가 어려운 특성이 있다. 4차 산업 환경에서 패션 리테일 매장 서비스에도 변화가 필요하다. 또 골목 상권이나 지역 상권의 대형화(젠트리피케이션)을 도입한 중소 규모의 상권 활성화가 필요하다. 이러한 시도 중 하나가 한복 상점이라고 생각한다. 고가 아니면 저가로 양극화된 한복 시장의 다변화를 꾀해 중간 가격대의 합리적인 소비, 자신만의 가치로 명품을 선호하는 소비자의 니즈를 충족하는 방향으로 가기 위해서는 다양성이 존중

되는 폭넓은 소비 구조도 뒷받침되어야 한다. 한복에 관심을 갖는 젊은 세대에게는 다른 제품과 마찬가지로 온라인 구매가 일상화되어 있기 때문에 한복 구매 정보도 온라인에서 찾는다. 이에 온라인 소매업체는 방대한 재고를 보유하면서도 쇼핑객의 개별 취향에 맞는 제품을 보여 주는 방법으로 알고리즘 개인화를 추구하고 있다. 알고리즘 개인화가 매우 효과적으로 입증된 유튜브나 틱톡의 디지털 콘텐츠가 있다. 그러나 다른 제품군과 달리 니즈가 섬세하게 반영되는 패션계에서 이를 실현하는 것은 쉽지 않다. 매장의 물리적 제약이 없다면 이커머스 리테일 업체는 훨씬 더 많은 옵션을 제공할 수 있지만, 선별해야 할 것이 압도적으로 많아지고 큐레이션 감각을 잃을 수도 있기 때문이다. 개인의 취향을 더 잘 이해하고 세분화하여 반영할 수 있는 플랫폼이 개발되어야 한다.

패션 업계가 AI를 활용하는 방법

AI는 패션 산업의 다양한 단계에서 효율을 극대화하며 인간과 협업할 수 있다. AI를 활용한 패션 디자인은 다음과 같은 주요 장점을 가지고 있다.

첫째, 현재 트렌드를 분석하여 다가오는 시즌의 트렌

드를 예측할 수 있다. AI는 방대한 데이터를 실시간으로 분석하여 미래의 패션 트렌드를 정확하게 예측할 수 있기 때문이다. 이를 통해 브랜드와 디자이너는 시장 변화에 신속하게 대응할 수 있다.

둘째, 작업의 효율성이 향상된다. AI는 패턴, 소재, 스타일을 분석하여 자동화된 디자인 시안을 생성함으로써 디자이너의 반복적인 작업을 줄여 준다. 이로 인해 디자이너들은 더 창의적이고 중요한 결정에 집중할 수 있게 되는 이점이 있다.

셋째, 맞춤형 디자인이 가능하다. AI는 고객의 체형, 스타일 선호도, 착용 습관 등을 분석하여 개인화된 패션을 제안할 수 있다. 이는 고객 만족도를 높이고 고객 정보 관리에도 효과적이라 브랜드의 경쟁력을 강화할 수 있다.

넷째, 디자인의 다양성을 확대할 수 있다. 생성 AI는 수많은 패턴과 조합을 빠르게 시뮬레이션하여 디자이너들에게 새로운 패턴, 컬러 조합, 스타일을 제안할 수 있기 때문에 패션 디자인의 창의성과 다양성을 크게 향상한다.

다섯째, 시장 대응력을 강화할 수 있다. AI를 활용하면 시장의 변화나 트렌드에 빠르게 대응할 수 있어, 패션 산업의 빠른 변화에 효과적으로 대처할 수 있다.

이러한 장점들을 잘 활용했을 때, AI는 패션 디자인 분야에서 혁신을 이끌고, 결과적으로 더욱 효율적이고 창의적인 디자인 프로세스를 가능하게 한다.

디자인 단계별 활용 툴

패션 산업에 종사하는 디자이너들이나 MD를 위한 인공지능이 탑재된 툴은 여러 가지가 있고 각각의 장단점이 있다. 이 도구들은 패션 디자인과 쇼핑 경험을 혁신적으로 변화시키고 있다. 본서는 그림이나 사진 등 도판 사용이 제한되어 있고 텍스트만으로 기술하여야 하는 인공지능총서의 한 권이라는 점에서 따라 하기 방식의 구체적인 프로세스를 제시하기가 쉽지 않다. 이러한 한계로 다음과 같이 특징을 설명하는 것으로 대신한다.

비주얼하운드(VisualHound): AI 기반 디자인 제안 및 트렌드 예측 플랫폼으로, 디자이너가 최신 흐름을 반영한 창작을 할 수 있도록 지원한다.

클로(CLO): 3D 패션 디자인 소프트웨어로, 실제와 같은 가상의 의류 시각화를 생성한다. 이 도구는 패션 및 의류 산업을 위한 최첨단 시뮬레이션 기술을 사용하여 디자인을 시각화하고, 샘플 생산, 운송 및 자재 낭비를 줄이는 데 도움을 준다.

아블로(Ablo): 혁신적인 직물 패턴과 프린트를 생성하는 데 중점을 둔다. 고유한 텍스타일 디자인에 적합하다.

예스플리즈(YesPlz): 색상 선택 과정에 특화되어 있으며, 완벽한 색상 조합을 찾는 데 도움을 준다.

칼라(Cala): 디자인 과정 전반을 간소화하는 엔드투엔드 패션 디자인 및 생산 도구다.

플럭스(FLUX): 인핸스AI(EnhanceAI)에서 제공하는 혁신적인 패션 디자인 도구로, 디자이너가 독창적이고 영감을 주는 패션 콘셉트를 빠르게 생성할 수 있도록 도와준다. 사용자는 상세한 프롬프트를 입력하여 원하는 디자인을 생성하고, 이를 다운로드하여 프로젝트에 활용할 수 있다.

디자인노블(Designovel): 비주얼 하운드(Visual Hound)와 마찬가지로 AI 기반 디자인 제안 및 트렌드 예측을 제공한다.

포토 AI 이미지(Photo AI Image): AI를 사용하여 기존 디자인 사진을 향상해 시각적 효과를 높여 준다.

더 뉴 블랙(The New Black): 스니커즈부터 3D 프린트 웨딩드레스까지 다양한 패션 아이템을 제작할 수 있는 플랫폼이다.

보티카(Botika): 가상 피팅 경험과 지속 가능한 디자인 최적화를 제공하여, 스타일과 친환경성을 보장한다.
실릭 이미지(Silic Image): 저해상도 이미지를 고해상도 버전으로 변환하여 세부 프레젠테이션에 적합하다.
지엠오(ZMO): AI를 사용하여 패션 브랜드를 위한 모델 이미지를 생성한다. 이 도구는 다양한 스타일과 외모를 가진 AI 모델을 생성하여 제품을 다양한 모델에 신속하게 시각화할 수 있다. 이를 통해 모델 촬영 비용을 최대 90%까지 절감할 수 있으며, 빠른 시간 내에 고품질의 모델 이미지를 얻을 수 있다.
티아이에이아이(TIAI, Tailornova): 온라인 패션 디자인 소프트웨어로, 무제한의 디자인을 쉽고 빠르게 생성할 수 있게 도와준다. 3D로 시각화된 디자인과 맞춤형 패턴을 몇 초 만에 얻을 수 있으며, DIY 재봉 커뮤니티, 패션 학생, 의류 부티크 등 다양한 사용자에게 적합하다.
스타일리스타(Stylista): AI 기반의 개인 스타일리스트 앱으로, 사용자의 고유한 스타일에 맞춘 맞춤형 스타일링 조언을 제공한다. 다양한 스타일의 의상 아이디어를 탐색하고, 원하는 아이템을 쇼핑하며, 디지털 옷장을 구축할 수 있다. 또한, AI 스타일리스트에게 특정 상황에 맞는 스타일링 조언을 받을 수도 있다.

텔레맛(TELMAT): 텔레맛의 심캐드(SYMCAD)는 바디 스캐닝을 통한 정확한 3D 신체 데이터 제공 솔루션(solution)으로, 의류 산업에서 맞춤형 의류 제작, 온라인 쇼핑, 신체 측정 조사 등에 사용된다. 이 도구는 고해상도 카메라와 구조화된 빛을 사용하여 정확한 3D 신체 데이터를 생성한다.

FX미러: FX미러는 3D 가상 피팅 및 쇼핑 기능 제공으로, 사용자가 옷을 입어 보지 않고도 가상으로 피팅해 볼 수 있는 도구다.

심플피팅: 스마트 미러로, 매장을 방문한 고객이 옷을 입어 보고 360도 뷰를 확인할 수 있는 도구다. 이 도구는 고객이 입어 본 옷을 비교하고, SNS로 공유할 수 있는 기능을 제공한다.

DC수트(DC SUIT): 서울대학교 디지털 클로딩 센터에서 개발한 DC수트는 3D 시뮬레이션 프로그램으로, 가상 의상을 제작하여 디지털 패션쇼를 구현할 수 있다. 이 도구는 실제 의상과 유사한 가상 의상을 재현하는 데 사용된다.

티몰(Tmall): 알리바바 그룹이 운영하는 B2C 온라인 쇼핑몰로, 합법적으로 등록된 기업과 브랜드만 입점할 수 있다. 티몰은 품질 보증된 상품과 빠른 배송을 제공하며, 중국 내외의 다양한 브랜드 제품을 판매한다.

알타바(ALTAVA): 패션과 메타버스를 연결하는 글로벌 플랫폼으로, 럭셔리 브랜드의 디지털 자산을 블록체인 기반으로 관리하며 아바타를 통한 가상 스타일링을 가능하게 한다.

인공지능은 패션 산업의 전통적인 구조와 문법을 바꾸고 있다. 오늘날 패션계에 끼치는 AI의 영향력은 실로 엄청나다.

AI의 물결에 패션계 또한 커다란 변화의 모습을 보이고 있다. AI를 활용해 디자인을 만드는 것은 물론이고, 제조 및 유통 과정도 AI의 영향을 받아 변화하는 중이다. 이런 변화의 물결은 2023년 4월에 개최된 세계 최초의 AI 패션위크(AIFW)로 실체화되기 시작했다. 뉴욕에 본사를 둔 생성형 AI 크리에이티브 스튜디오인 메종 메타(Maison Meta)가 주최한 이 대회에서는 미드저니, 스테이블 디퓨전과 같은 생성형 AI의 무한한 가능성을 느낄 수 있는 디자인들이 선보여 세계적인 화제가 되었다.

패션 디자인의 중심이 된 AI

세계 최초 AI 패션위크에 이어 메종 메타는 온라인 패션 쇼핑몰 리볼브(Revolve)와 협업하여 패션위크에서 우승자로 선정된 세 명의 컬렉션을 실제로 제작해 또 한 번

화제가 되었다. 패션위크에서는 기상천외한 디자인들이 쏟아져 나와 사람들을 놀라게 했으나 실제로 제작된 옷들은 기성복에서 크게 벗어나지 않는 모습이었다. 하지만 혁신적인 분위기를 느낄 수 있는 제품들도 함께 구성되어 눈길을 끌었다. 이를 통해 기존 패션계에서 진행해오던 프로세스를 완벽하게 뒤집었다는 평을 받았다.

적용 사례

두 번째로 진행된 패션위크 또한 첫 번째만큼이나 놀라운 디자인들로 채워졌다. 사람들에게 놀라움을 선사했던 첫 시도와 달리 두 번째에는 화제성이 다소 줄어들었지만, AI를 통해 기존에는 없었던 새로운 시도들이 이루어졌다는 점은 주목할 만한 일이다. 이런 일들이 계속된다면, 패션쇼를 준비하는 과정이 점차 바뀌어 갈 가능성이 높아진다고 볼 수 있다.

늘 빠르게 트렌드를 반영하는 H&M 또한 AI를 활용한 서비스를 선보이는 중이다. H&M 산하 기업인 크리에이터 스튜디오(Creator Studio)는 2021년 창립 후 일부 크리에이터를 위한 제품 제작 및 판매를 진행해 왔다. 이어 생성형 AI 기술이 발전하는 것을 반영해 누구나 옷을 제작할 수 있도록 참여자의 범위를 넓혔다.

AI를 활용하면 옷을 디자인하는 것뿐만 아니라 이를 홍보할 수 있는 룩 북, 광고, 팝업 스토어 등도 디자인할 수 있다. 전 세계 사람들을 열광시켰던 '해리 포터 바이 발렌시아가(Harry Potter by Balenciaga)'가 대표적인 예시다.

유튜버 데몬플라잉폭스(Demonflyingfox)가 생성형 AI 프로그램을 이용해 만든 영상에는 해리 포터의 등장인물들이 발렌시아가를 입고 말하는 모습이 담겼다. 사람들이 상상조차 할 수 없었던 신선한 아이디어를 반영한 영상은 뜨거운 인기를 얻었고, 이와 관련된 밈이 형성되며 해당 브랜드의 홍보가 자연스럽게 이루어졌다.

코치(Coach), 나이키 등과 같은 브랜드들은 생성형 AI를 이용해 실제로 있을 것만 같은 팝업 스토어를 선보이며 사람들의 이목을 집중시켰다. 특히 코치는 동양적인 아름다움을 느낄 수 있는 디자인을 선보여 큰 화제를 모았다. 사람들은 이들이 선보인 팝업 스토어들을 감상하며 독특한 디자인에 감탄하는 동시에 가상 세계에서만 존재하는 것에 대한 아쉬움을 드러내기도 했다.

프랑스 패션 브랜드 카사블랑카(Casablanca)는 아예 컬렉션 캠페인을 AI 기술을 활용해 만들어 화제를 모았다. 브랜드의 2023년 봄/여름 컬렉션 캠페인 '미래 낙천

주의자(Futuro Optimisto)'에서는 실제 모델이 참여하지 않았지만, 그 사실 여부를 따질 필요가 느껴지지 않을 만큼 독특한 분위기가 눈길을 사로잡는다. 초현실적인 분위기를 자아내기 위해서 AI를 사용했지만, 기획에서는 여느 캠페인 제작과 마찬가지로 스타일리스트, 조명감독, 세트 디자이너 등이 참여했다고 한다. AI 활용을 하려면 콘셉트부터 세부 디자인까지 어느 정도 사람의 손길이 필요하다는 것을 보여 주는 예시라고 할 수 있다.

AI가 바꾼 패션 산업의 공식

AI는 트렌드를 예측하고 소비자 성향을 분석하여 상품 기획 및 가격 전략 등에도 활용되고 있다. 방대한 데이터를 빠르게 분석하는 것은 물론이고 반복 학습을 통해 진화하는 AI는 사람보다 더 신속 정확하게 패션 트렌드와 가격 등을 분석 및 예측할 수 있기 때문이다. 이는 기업뿐만 아니라 소비자들에게도 유용한 기술이다. AI를 통해 고객들은 언제 어디서나 자신의 취향을 만족시킬 수 있는 패션 디자인과 아이템을 추천받을 수 있게 된다. AI의 활약으로 지금까지 지켜져 왔던 패션 산업의 공식이 점차 무너지고 있다.

이런 흐름에 매년 'LVMH 이노베이션 어워드'를 진행하며 첨단 기술과 패션의 조화를 꾀하는 거대 패션 기업 LVMH 또한 적극적으로 기술을 반영하고 있는 중이다. 2018년부터 마이크로소프트와 협력해 클라우드 기반의 AI 플랫폼을 구축했으며, 소속 브랜드 프라다는 AI 기술을 적극적으로 활용하여 디자인, 마케팅, 생산 관리 분야 등에서 혁신을 추구하고 있다.

아마존에서도 적극적으로 AI를 활용하며 보다 나은 고객 맞춤 서비스를 선보이는 중이다. 이는 고객이 온라인을 통해 쇼핑을 하더라도 실제 매장에서 옷을 고르는 것처럼 쇼핑할 수 있게 하기 위해서다. 딥러닝 기반 알고리즘을 기반으로 각각의 고객이 어떤 스타일에서도 가장 잘 맞는 사이즈를 찾을 수 있도록 하고 있으며, 리뷰 하이라이트, 보기 편한 사이즈 차트 등을 선보이며 더 나은 쇼핑 경험을 추구하고 있다.

이들은 또한 온라인뿐만 아니라 오프라인에서도 AI 기술을 접목해 화제를 모았다. 지난 2022년 로스앤젤레스에 문을 연 '아마존 스타일(Amazon Style)'에서는 피팅 룸에 있는 터치스크린을 통해 AI가 추천하는 옷을 볼 수도 있고, 쇼핑 앱에 추가해 놓은 옷을 현장에서 바로 입어 볼 수도 있다. 온 오프라인 경계 없이 AI와 AR(증강현실), IoT(사물인터넷) 기술이 접목된 공간에서 다양한 경험을 즐길 수 있다는 점에서 미래 쇼핑 경험의 청사진을 제시했다고 볼 수 있다.

월등하게 사람을 뛰어넘는 분석력을 가진 AI는 상품을 판별하는 데에도 능력을 발휘 중이다. LVMH는 마이크로소프트와 협력해 명품의 진품 여부를 확인할 수 있는 방법을 찾고자 했다. 그 결과로 블록체인 플랫폼인 아우라(Aura) 블록체인 컨소시엄을 설립했다. 브랜드의 골칫거리였던 위조품 검증에 대해서 블록체인 기술과 AI가 디지털 인증 프로세스를 빠르게 진행하는 데 도움을 주고 있는 것이다. 이를 통해 LVMH 산하 브랜드의 제품의 진품 확인을 보다 효율적으로 할 수 있게 되었다. 브랜드의 가치를 높이는 동시에 고객의 브랜드 신뢰도를 높이는 방법으로 인간이 아닌, 첨단 기술이 사용되고 있다는 점이 흥미롭다.

AI가 만드는 콘텐츠는 사람과 거의 차이가 나지 않을 뿐더러, 오히려 AI는 상상력을 증폭하는 매개체가 되어 월등히 뛰어난 결과물을 내는 존재로 발돋움하고 있다. 또 인간이라면 허용되던 실수가 AI에서는 거의 없기 때문에, 앞으로 이 기술은 점차 패션계에서 중요한 존재가 될 것이다. 전 사회적으로 AI의 영향력이 커지고 있는 상황에서 이는 어쩌면 당연한 수순이 아닐까 싶다. 그렇기 때문에 AI와 공존에 대한 효율적인 아이디어와 방법이 각광받을 것으로 보인다.

참고문헌

김은영(2018). 국가 정책의 관점에서 한복 문화정책 방안 제시 연구.

이은진(2023.7.8). '민족의 얼'이 사라진다… 경기도내 한복집 줄폐업 위기. 경기일보, https://www.kyeonggi.com/article/20230705580175

Ablo(n.d.). Ablo AI fashion design tool. Retrieved November 27, 2025, from https://ablo.ai

Alibaba Group(n.d.). Tmall B2C shopping platform. https://www.alibabagroup.com/about-alibaba-businesses-1744514231081893888

ALTAVA Group(n.d.). ALTAVA metaverse fashion platform. https://www.altava.com/cases/imagine-future-worlds

Botika(n.d.). Botika AI fashion photography platform. https://botika.io

Cala(n.d.). Cala end-to-end fashion design and production platform. https://cala.com

CLO Virtual Fashion(n.d.). CLO 3D fashion design software. https://www.clovirtualfashion.com

Designovel(n.d.). Designovel AI fashion design and trend prediction. https://designovel.com

Fashion Diffusion. (n.d.). Photo AI Image enhancement tool. https://www.fashiondiffusion.ai

Flux AI(n.d.). Flux AI design generation tool. https://flux-ai.io

FXGear. (n.d.). FXMirror virtual fitting solution.

http://www.fxgear.net/vr-fashion
Seoul National University Digital Clothing Center(n.d.). DC SUIT digital clothing simulation. http://graphics.snu.ac.kr/resources/digital_fashion/01_Digital_production_of_traditional_costumes.pdf
Silic AI(n.d.). Silic AI image upscaling and fashion design. https://www.toolify.ai/ko/tool/silic-ai
SimpleFitting. (n.d.). SimpleFitting smart mirror fitting solution. https://simplefitting.tradekorea.com
Stylista(n.d.). Stylista AI personal styling app. https://www.stylista.ai
Tailornova(n.d.). Tailornova online fashion design and pattern generation. https://tailornova.com
TELMAT Industrie(n.d.). SYMCAD III 3D body scanning solution. https://www.aniwaa.com/product/3d-scanners/telmat-industrie-symcad-iii
The New Black(n.d.). The New Black AI fashion platform. https://findmyaitool.io/tool/the-new-black
VisualHound. (n.d.). VisualHound: AI fashion design platform. https://visualhound.ai
YesPlz AI. (n.d.). YesPlz AI fashion search and recommendation. https://yesplz.ai
ZMO AI(n.d.). ZMO AI model image generation. https://www.zmo.ai

06
한복 텍스트투이미지 추출

생성형 AI 기반의 한복 텍스트투이미지(Text-to-Image) 추출 방법 예시로 "국제 콘퍼런스에 입고 갈 한복을 제시해 줘"라고 요청했을 때 전개 방법과 결과치 및 오류 발생 사례(알고리즘 편향성, 부정확한 정보)를 소개하고 이를 개선하기 위해 딥러닝을 통한 AI 학습이 선행되어야 함을 인식한다.

AI와 야구?

인공지능 컴퓨터의 활용은 인간의 질문, 요청(prompt)에서 출발한다. 복잡한 질문에도 AI의 답변 처리 속도는 놀라울 만큼 빠르다. 메모리에 저장된 텍스트를 단순히 복사하는 수준이 아니라 어려운 주제를 단 몇 초 만에 조리 있게 설명하기도 한다. 인간이 도저히 따라 할 수 없는 속도와 프로세스로 새로운 텍스트를 생성한다. 이때 AI 결과물에는 표면적으로 뚜렷한 동기나 편향이 존재하지 않는다. 거기에는 가설과 불분명한 심리적 추론도 포함된다. 인공지능은 수많은 데이터포인트 중에서 우선순위를 매겨 가장 관련성이 큰 혹은 그렇게 보이는 단어 200개를 선정할 수 있다. 그래서 독자적인 표현으로 미래의 결과를 개연성 있게 설명하는데, 이 답변은 여러 분야의 정보를 통합한 결과물이다. 상반된 견해를 수용해 양립 가능한 것으로 제시하기도 한다. 비록 인공지능이 인간이 생각하는 의미의 '이해'가 가능하진 않아도 그 출력물은 인간 언어의 정수를 반영한다. 그렇기 때문에 어떠한 결괏값에 대한 판단은 인간이 해야 한다. AI에게 질문을 잘하는 것이 곧 생산 역량을 늘리는 것이고 그러기 위해 역으로 인간이 AI 리터러시를 이해해야 하는 시대가 되었다. 머신러닝을 또다시 공부하는 휴먼러닝이 계속 업데이트되어야 하는 아이러니라고나 할까.

생성형 AI가 순식간에 매끄러운 글로 답을 제시하는 것은 방대한 양의 데이터로 훈련하고 사전에 답변을 생성해 놓았기 때문에 가능하다. 그런 표현체를 생성하는 프로세스의 근간이 되는 머신러닝은 방대한 텍스트(LLM, Large Language Model)에서 패턴과 관계를 학습한다. 그러나 아직 챗지피티(ChatGPT), 달리(DALL-E), 마이크로소프트 빙(Bing) 등의 AI에게 "한복"에 관하여 텍스트투이미지(Text-to-Image)의 방법으로 자료를 요청했을 때는 답변에 오류가 많은 것이 현실이다. 예를 들어, 한복을 전공한 의상학과 교수가 국제 콘퍼런스에 입고 갈 한복을 제시해 달라고 했을 때 대부분 중국의 민속복이나 일본 전통복 등이 혼합된 결과가 도출된다. 최근에는 초창기보다 많은 부분 개선되기는 했지만, 옷고름이나 소매, 깃 모양, 소재 패턴 등 여전히 미흡한 요소가 많다. 한국인이 봤을 때 한복이 아닌 느낌이 크게 들지만 전통 한복 이미지에 대한 사전 정보가 없는 MZ세대나 외국인이 봤을 때 AI가 제시한 그것이 한복이라고 인지할 수밖에 없다는 것이 안타까운 현실이다. 인공지능에 한국 전통 한복의 원형에 대한 데이터가 없으므로 우리 고유의 복식인 한복의 아름다움과 디자인을 활용하지 못하고 있는 것은 어쩌면 당연한 결과다. 잘못된 데이터 학습으로 인한 편향적인 디자인 결과 도출을 막기 위해 AI 기술 개발 단계에서 AI에 학습시킬 데이터를 검수하고 기준을 명확히 선정하는 작업이 중요해지고 있다. 정확한 정보의 이미지 자료를 다량으로 입력하여 초거대 AI를 학습시킬 수 있는 데이터셋을 구축하는 것이 급선무다. 물론, 질문 한두 개로 원하는 결괏값을 단번에 얻어 내는 것은 아직 요원함이 당연할지 모른다.

이미지 생성 AI 미드저니 생성자 제이슨 M. 앨런은 자신의 패션 디자인 작업 과정이 "단순히 키워드 몇 개 던져 넣어서" 이루어지는 것이 아니라고 했다. 그는 적극적으로 자신이 추구하는 이미지를 얻기 위해 900번 이상 명령문을 바꿔야 했으며, 결과물이 만들어진 이후에도 AI로 포토샵 작업과 화질 개선 등의 추가 보정을 거친 후에야 만족하는 결과물을 얻을 수 있었다고 밝혔다. 이처럼 AI 프로그램을 통해 도출된 디자인은 아직 AI 프로그램 홀로 온전히 도출한 결과라 하기에는 어려운 단계에 있는 것으로 보인다.

더 나아가 다양한 문화권의 취향 및 가치, 규범을 존중해야 하는 현대의 패션 디자인 산업 구조는 단순히 프로그래밍 및 코딩의 지식을 이해하고 있는 것 이상을 요구한다.

따라서 텍스트 투 이미지 방법을 사용하되, 원하는 전통 자수 이미지를 입력하고 텍스타일 디자인을 생성한 후 의류 제작 작업을 진행한 연구를 해 보았다. 이때는 나노 바나나(Nano Banana, 구글 제미나이 2.5 플래시 이미지 API 기반)를 이용하였는데, 다음과 같은 특성으로 인해 한국적 전통 문양의 섬세한 표현에 적합하다고 판단했다.

첫째, "한글 프롬프트 최적화"로 한국어 명령어 입력 시 높은 이해도를 보이며, 국내 디자이너들의 접근성이 우수하다. 둘째, "빠른 생성 속도"(3~5초)로 반복적인 디자인 수정 작업에 효율적이다. 셋째, "높은 일러스트레이션 정확도"로 원본 이미지의 조형적 특성을 충실히 재현할 수 있다. 넷째, "섬세한 텍스처 표현"이 가능하여 자수 무늬의 스티치 질감을 효과적으로 구현할 수 있기 때문이다.

선행 자료를 입력하고 원하는 결괏값을 도출할 때까지 수차례 반복한 후에 다음 단계의 디자인 프로세스로 넘어가는 것이 현재까지 더 효율적인 방법이라고 할 수 있다.

RGB 색상의 한계

온라인 패션 산업이 커지면서 패션 인공지능의 중요성이 증가하고 있다. 이를 연구하고 상용화하는 과정에서 화면에 따라 다르게 보이는 의류의 색상은 선택에 매우 민감한 이슈로, 주요한 장애물로 작용한다는 것을 발견했다. 사용자의 온라인 쇼핑 경험, 특히 기본적인 색상 필터 기능을 제공하는 것부터 문제가 해결되지 못하고 있다. 더하여 패션 인공지능 개발 과정에서 지속적으로 색상 인식의 한계에 부딪히는 문제점을 경험했다. 이는 이미지 관련 딥러닝 모델이 RGB 데이터를 기반으로 학습을 진행하지만 RGB 색상의 미세한 차이에 대한 사람의 색상 인식 차이를 컴퓨터가 판단할 수 없다는 본질적인 한계 때문이었다. 따라서 색상을 단순히 학습시키는 것이 아니라, 사람의 색상 인지를 패션 인공지능에 통합하는 새로운 접근 방식이 요구된다.

AI 디자인과 저작권 문제

패션 디자인 분야에서 생성형 AI를 활용하여 만들어진 작품이 창의적 디자이너의 창작물로서 또는 기업의 상품 가치를 지닌 것으로 저작권을 인정받기 위해서는 해당 저작물이 진정한 창작물로서의 자격을 갖추고 있는

지에 대한 명확한 정의가 우선 이루어져야 한다.

현재 AI를 활용하여 생성된 산출물은 그 자체로는 창작물로 인정받지 못하며, 반드시 인간의 창의성이 반영된 의도적인 개입이 있는 경우에만 저작권의 보호 대상으로 보는 견해가 다수를 이루고 있다.

미국의 저작권청은 창작의 주체가 되는 인간을 저자, 창작자로 강조하며 저작권을 “자신의 천재성이나 지적 산물에 대한 한 인간의 배타적 권리”로 정의하고 있다[Copyright Law of the United States(Title 17) and Related Laws, §102(저작권 보호 대상), §106(저작권자의 권리)]. 한국도 이와 유사한 기준을 적용하여, 한국저작권위원회는 AI 산출물에 인간의 창작적 기여가 없을 경우 저작권 등록이 불가하다는 입장을 밝히고 있다(MCST & KCC, 2023). 저작권 등록은 인간의 사상 또는 감정이 표현된 창작물에 대해서만 가능하며, AI 산출물에 인간이 수정 · 증감 등 창의적으로 ‘추가 작업’을 한 경우, 추가 작업한 부분만 저작물성이 인정될 수 있다(MCST & KCC, 2023). 따라서 창작 과정에 인간의 개입이 없는 강한 인공지능이 만든 창작물은 인간이 만든 창작물이 아니므로 현재는 저작권 보호 대상으로 보기 힘들다는 것이 일반적인 견해다(Jun, 2022).

AI 프로그램은 독창적인 작품을 생성할 수 없으며, 그 출력물은 공공 영역에 속하게 된다. 그러나 AI가 인간 디자이너를 보조하여 인간 디자이너가 창작물에 자신의 개성을 반영할 수 있다면, 독창성 기준을 충족할 수 있으며, 창작 과정에서 AI의 존재는 본질적으로 문제가 되지 않는다. 즉 AI 산출물 자체는 등록할 수 없지만, AI 산출물을 선택하고 배열한 것에 창작성이 있다면 '편집저작물'로 등록이 가능하다(MCST & KCC, 2023). 결론적으로, 현재 지적재산권 제도상 AI가 생성한 산출물은 인간이 AI를 도구로 이용하여 창작을 하고 있다고 평가되는 경우에는 권리가 발생하지만, 인간의 관여가 창작적 기여로 볼 수 없고 AI가 자율적으로 생성했다고 평가되는 경우에는 권리의 대상이 되지 않는다는 것이 일반적이다.

그럴듯한 거짓말, 환각

챗지피티의 답변에는 인용문이 존재하지 않아서 진실과 허위 정보를 분간하기 어렵다. 알다시피 이미 인터넷에는 악의적으로 날조된 '사실'이 대량으로 살포되고 있고, 그중 딥페이크 이미지와 영상은 점점 실제와 구별하기 어려워지는 추세다. 챗지피티는 이 인터넷을 현재에도 미래에도 학습 자료로 사용할 것이다. 챗지피티는 질문에 답하도록 설계됐기 때문에, 간혹 조리 있는 답변을 제시하기 위해 없는 사실을 만들어 내기도 한다. 이처럼 AI가 인간 독자에게 진실처럼 보이지만 전혀 사실에 근거하지 않은 문장을 생성하는 현상을 연구자들은 '환각(hallucination)' 혹은 '확률론적 앵무새(stochastic parroting)'라고 부른다. 이런 오류를 촉발하는 요인과 해소법은 아직 충분히 밝혀지지 않았다.

실제로, 인공지능에 관련된 포럼에 참석하고 돌아와 인쇄된 간행물에 적힌 저서와 논문 및 저자를 검색해 보았는데 대형 서점이나 논문검색 포털 등 어디에도 일치하는 저자와 문건을 찾을 수 없었던 적이 있다. 나중에 알고 보니 일정한 형식에 맞춰 인공지능이 그럴듯한 이름과 제목을 만들어 생성한 것이었다. 학회의 권위와 발표자의 논리 뒤에 숨은 일종의 AI 할루시네이션이었다. 이는 진실성을 전제로 하는 교육자의 신뢰성을 실추하는 일이자 학자의 연구 윤리에 심각한 손상을 가져올 수 있으므로 매우 신중해야 할 것이다.

AI가 만드는 모델의 답변이 일견 완벽하기 때문에 그 결과물을 과신하는 경향이 나타나고 있다. 이미 우리는 AI에 비하면 미개한 컴퓨터 프로그램에 의존하는 '자동화 편향(Automation Bias)' 문제를 겪는 중이다. 자동화된 도구나 시스템이 제공하는 정보를 무비판적으로 받아들이고, 그 결과를 신뢰하는 경향은 특히 중대한 의사결정을 내려야 하는 상황에서 문제가 될 수 있다. AI가 권위 있게 느껴지는 텍스트를 생성할수록 그 영향력은 더욱 강해질 것이다. 지금도 인간의 개입을 감소하는 자동화 시스템을 신뢰하는 경향이 존재하지만 챗지피티는 이를 더 강화할 전망이다.

알다시피 챗지피티의 답변, 진술, 소견은 신원 확인이 가능한 저자와 출처가 명시되어 있지 않기 때문에 정확한 근거가 요구되는 학술적 자료를 작성할 때에는 퍼플렉시티(Perplexity)를 사용하는 것이 훨씬 효과적이다. 퍼플렉시티는 GPT, 미스트랄(Mistral), 라마(LLaMA)와 같은 다양한 대형언어모델(LLMs)을 사용하며, 검색 결과를 요약하고 인용하는 검색증강생성(RAG, Retrieval-Augmented Generation) 프레임워크를 사용하기 때문에 사용자에게 인터랙티브한 대화형 웹 검색 경험을 제공하여 연구 목적으로 사용하기에 이상적이다. 또한 글쓰기, 수학 문제 해결, 코딩 도움, 비디오 검색 등 다양한 모드를 지원한다. 퍼플렉시티의 장점으로는 웹에서 관련 데이터를 검색하여 정확하고 간결한 답변을 제공하며, 출처를 인용하여 신뢰성을 높인다. 직관적이고 간단한 사용자 인터페이스를 제공하여 누구나 쉽게 사용할 수 있다. 고급 알고리즘과 데이터셋을 사용하여 복잡한 질문에 대한 신속하고 정확한 답변을 제공하고 검색 결과를 소셜 미디어에 공유하거나 링크로 전달할 수 있어 지식 확산과 팀 내 협업이 용이한 점을 들 수 있다.

투명성 문제

패션 디자인에서 AI를 활용하는 과정에서 가장 중요한 윤리적 쟁점은 AI가 학습한 데이터의 출처와 사용 허가 여부를 명확히 하는 투명성의 문제다. 투명성 문제는 AI가 생성한 디자인의 저작권 귀속과도 밀접하게 연관되어 있다. AI와 인간 디자이너의 창작 과정을 체계적으로 기록하고, 각 단계에서의 기여도를 명확히 함으로써 저작권의 귀속 문제를 해결하는 데도 기여할 수 있다. 이는 또한 AI 사용의 공정성과 데이터 출처의 투명성을 높이는 데 중요한 역할을 한다. 정교한 AI 프로그램이 인간 디자이너의 작업을 수행하고 인간이 생성한 패션과 구별할 수 없는 출력을 생성할 수 있으며, 인간 디자이너의 작품을 학습 데이터로 사용하면서도 이들을 인정하지 않는 상황에서, 기술 발전으로 인해 약자의 위치에 처한 인간 디자이너의 권리는 더욱 축소될 수 있기 때문에 우리는 패션을 창작하는 인간의 이익과 권익을 어떻게 보호할 것인지 고려해야 한다.

AI와 인간 디자이너의 협업은 패션 디자인의 미래를 위한 필수 요소가 되었다. AI는 데이터 분석과 반복적인 작업에서 뛰어난 능력을 발휘하지만, 인간의 창의성과 감성은 여전히 패션 디자인의 핵심이다. AI를 활용하여 디자인의 초기 단계를 자동화하고, 인간 디자이너가 최종 결과물에 창의적인 터치를 더함으로써, 우리는 더 혁신적이고 다양한 패션 디자인을 만들어 낼 수 있을 것이다.

결국은 큐레이션

AI 도구 활용의 가장 큰 장점은 짧은 시간 안에 창조적인 이미지를 생성해 낸다는 것이다. 이를 통해 디자이너는 정보의 리서치 시간을 단축하고 반복적인 작업의 시간을 줄일 수 있어 창의적인 디자인 역량을 발휘하는 데 시간을 집중시킬 수 있다. 이에 따라 기존에 소비되는 많은 비용 부담 또한 줄일 수 있다고 여겨지고 있다.

하지만 실제 디자이너의 의도를 AI가 반영하기에는 여러 가지 장애가 존재했다. 일관된 이미지 도출을 위해 명령어를 직관적이고 간결하게 구성하고 수정하는 과정에 시간이 소비된다. 또한 AI 기술 활용에 구독료와 많은 에너지가 소비되기 때문에 이에 따른 많은 환경 비용을 감수해야 한다.

완성도 높은 AI 학습 기반의 한국적 디자인 생성을 통해 전통 문화 콘텐츠의 미래 활용 가치를 높이고 전통미 표현의 왜곡을 막기 위해서는 알고리즘의 정교화를 위한 전통 문양 학습 데이터 구축이 중요하다.

이에 못지않게 중요한 것은 AI 도구를 효율적으로 활용해 한국적 패션 디자인을 창조할 수 있는 역량 있는 디자이너를 키우기 위해 패션 디자인 교육 분야에서 한국 전통 문화에 대한 심도 있는 교육이 필요하다는 점이다. 디자인의 방향을 설정하고 AI가 생성해 내는 수많은 변수들 중에 사람의 감성을 움직일 수 있는 이미지를 선택하고 섬세한 디테일을 수정하는 일은 여전히 디자이너 고유의 영역이기 때문이다.

인간과 기계가 형성하는 이 새로운 관계를 설명하고 이끌 정치적 혹은 철학적 지도 체계가 아직 존재하지 않기에, 우리 사회는 적잖이 표류 중이다. 다시 말해, 사용자는 각 결과물의 어떤 요소가 구체적으로 어떤 출처에서 비롯됐고 어떤 이유로 형성됐는지는 알 수 없다. 이 생성형 AI가 어떻게 지식을 저장하고, 정제하고, 인출하는지 그 경로 역시 알 수 없다. 과연 그 과정이 추적 가능하도록 언젠가는 투명하게 밝혀질지는 현재 상태로 미지수다. 그래서 머신러닝이 제시하는 답변을 선택하는 과정에서 인간의 판독과 큐레이션 능력이 시험대에 오를 것이다.

참고문헌

권혜진·임현주(2025). AI 기술을 활용한 한국적 텍스타일 디자인 개발－활옷의 자수 무늬를 중심으로. 《韓國服飾》, 제54호, 단국대학교석주선기념박물관.

Jun(2022). Artificial intelligence and copyright ownership: Legal perspectives on non-human authorship. Journal of Intellectual Property Law, 29(3), 45-67.

MCST & KCC(2023). Generative AI copyright guide. Seoul: Ministry of Culture, Sports and Tourism & Korea Copyright Commission, pp.36-37.

07

한복 학습 데이터 입력 프로젝트

생성형 AI에게 한복 학습을 시키기 위한 기초 자료 입력 프로젝트를 진행했다. 배경을 동일하게 한 후 평면과 입체적인 한복과 장신구 수백만 장의 데이터를 입력한다. 시대, 종류, 신분, 상황, 연령, 성별에 따른 한복을 모델에게 입히고 3D 스튜디오에서 촬영하여 라벨링한 각 자료를 생성형 AI에게 학습시켜 결과 효율을 증대하기 위함이다.

AI와 윤동주?

AI 학습 데이터 개념

AI 학습 데이터는 다양한 유형의 데이터가 사전에 정의된 목적에 따라 구축되기 때문에 세부적으로 상이할 수 있으나, 일반적으로 구축 계획 수립 → 데이터 획득 및 수집 → 데이터 정체 → 데이터 가공 → 데이터 학습 순서로 진행하며, 데이터 품질에 문제가 발견되거나 모델 성능 향상을 위해 데이터 보완 또는 가공 재검토가 필요한 경우 단계의 일부를 반복적으로 수행하며 개선된다. 구축 계획 수립은 AI가 학습을 통해 해결해야 할 임무(Task)를 명확하게 정의하고, 임무 달성을 위한 AI 학습 데이터의 수량, 구축 방법, 품질관리 계획 등을 포함하여 구체적으로 설계한다. 이때, 데이터는 AI 학습 데이터의 안전한 활용을 위해 잠재적인 위협을 최소화하고, 보안 위험을 줄이기 위한 단계별 보안 위험 점검 및 접금 권한 관리, 암호화, 비식별화, 로그 관리 등 구체적이고 체계적이 보안 조치 마련이 필요하다. 데이터 획득 · 수집은 AI 학습에 필요한 데이터를 크라우드소싱 또는 전문 인력을 통해 직접 생산하거나, 이전에 운영 중인 내부 시스템, 외부 자료 등으로부터 이미 존재하는 데이터를 확보하여 법적 · 윤리적 제약 없이 활용할 수 있도록 '원시 데이터'를 수집 · 확보하는 활동이다. 데이터 획득 · 수집

시에는 AI 학습 데이터의 다양성과 품질을 확보하기 위해 특정 범주에 편중되지 않도록 균형 있게 수집하고, 정제·가공 과정에서의 손실 가능성을 고려하여 실제 필요량보다 충분히 많은 데이터를 확보해야 한다. 데이터 정제는 수집 단계에서 획득한 '원시 데이터'를 AI 학습에 필요한 형식, 크기 등에 맞춰 조정하고 중복 제거 및 개인정보 비식별화 처리 등 정제 과정을 거쳐 '원천 데이터'를 확보하는 활동으로, 정제 단계에서 확보된 원천 데이터는 라벨링 등의 가공이 이루어지지 않은 상태이나, 생성형 AI에서는 자기 지도 학습(Self Supervised Learning)을 통해 사전 학습 및 미세 조정에 활용 가능하다. 데이터 가공은 정제를 마친 '원천 데이터'에 AI 학습 목적에 맞는 정답(Ground Truth)과 주석 등 부가 정보를 부여하여, 모델 학습에 활용할 수 있는 '학습 데이터'로 전환하는 과정이다. 데이터 학습은 가공된 '학습 데이터'를 활용해 모델이 패턴을 익히도록 하는 과정으로 사전 학습을 통해 일반적 능력을 습득한 뒤, 데이터 증강·최적화, 미세 조정 등을 통해 성능을 향상한다.

국가유산

국가유산은 한번 훼손되면 복구가 매우 어렵다. 그러므

로 멸실이나 훼손에 대비해 그 원형을 정밀하게 기록해 두는 것이 중요하다. 2008년 숭례문 화재로 인한 소중한 문화유산 손실을 기억할 것이다. 불타 버린 숭례문을 복원하기 위해 2000년대 초반에 해 두었던 3D 스캔 기록이 5년간의 보수, 복원 공사에 중요한 참고 자료로 활용되었다. 2019년에는 유네스코 세계유산인 프랑스 파리 노트르담 대성당에 화재가 발생해 목조 지붕이 소실되는 큰 피해를 입었다. 이때 사고가 나기 8년 전 3차원 레이저 스캐닝 방식으로 취득한 데이터가 재건에 활용되었다. 이러한 사례들은 3D 스캐닝과 같은 디지털 기록이 국가유산의 보존과 복원에 얼마나 중요한 역할을 하는지를 잘 보여 준다. 이러한 첨단 기술을 적극적으로 활용하여, 우리의 소중한 문화유산을 보다 안전하게 보존하고, 미래 세대에게 전할 수 있도록 노력해야 할 것이다.

디지털 아카이빙

아카이브(ARCHIVE)는 역사적 가치 혹은 장기 보존의 가치를 지닌 기록이나 문서를 의미하는 '보존 기록'을 의미하며 이런 기록이나 문서를 보관하는 장소나 시설을 의미하기도 한다(한국기록학회, 2008).

디지털 아카이브(Digital Archive)는 인터넷에 디지털로 이루어진 거대한 문서 저장고이자 콘텐츠 아카이브다. 디지털로 전환된 콘텐츠는 수많은 사람들이 각자의 용도에 맞게 사용할 수 있는 자료로 시공간의 제한을 받지 않고 네트워크 안에서 자유롭게 전달하고 공유할 수 있는 점이 특징이다.

디지털 아카이브는 문서, 소리, 이미지 등 다양한 형태로 원본을 재현한다. 디지털 아카이브에서는 사물이 디지털로 전환되어 보관된다. 이러한 디지털 정보들은 다양한 용도에 따라 사용된다. 그렇기에 디지털 아카이브는 기존 아카이브와는 다르게 보관보다는 사용에 그 목적을 두고 있다. 공간적인 접근의 한계를 뛰어넘는 것, 시간의 흐름에 영향을 받지 않는 것 등의 특성들이 이를 가능케 한 것이다. 결국 디지털 정보의 장점인 검색과 활용의 용이, 원본 변형의 용이와 복사의 특성을 그대로 가져간다고 할 수 있다. 또 디지털 아카이브는 다양한 참여자들의 참여에 의해 이루어지는, 열린 체계를 갖고 있기에 그 공공성을 강하게 가져간다고 할 수 있다(백욱인, 2011).

필자는 물리적 제한이 따르는 복식 유물을 분석, 연구하여 디지털 형태로 기록하는 작업을 오랜 기간 했다. 학예사나 연구원, 교수진 등 특정 임무를 맡은 사람만 직접 실견할 수 있는 유물들이 있다. 보존 처리를 마친 유물들은 기초 조사와 심층 연구를 거친 뒤 수장고에 보관한다. 상설전이나 특별전이라는 이름으로 조명을 받기도 하지만 이러한 유물들도 대부분의 시간은 수장고에서 보내게 된다. 그러나 박물관에 수장된 유물들도 디지털 자료로 저장되고 링크가 부여되는 순간 새로운 생명력을 얻게 된다. 지금은 전 지구가 인터넷으로 연결된 초연결사회다. 몇백 년 만에 발굴되어 세상 빛을 보게 된 유물에 대한 지식 정보의 유통 속도도 점점 빨라져 조선 시대 유물이 21세기 사람들과 소통할 수 있고 그 유물에는 영역이 무한히 확장되고 활용될 수 있는 엄청난 파워가 부여된다.

디지털 헤리티지로 본 한복 헤리티지

디지털 헤리티지란 역사, 문화, 예술적 가치를 지닌 유산을 디지털 형태로 복원하여 보존하고 연구나 교육 및 전시 등에 활용하는 행위 전반을 말한다. 이는 다음 세대들이 전통 문화유산에 보다 쉽게 접근하고 이해하며 창조적으로 활용할 수 있는 기반이다.

한복으로 이해하면, 숙련된 장인에 의해 전통적인 수

공예 방식으로 전승되어 온 복식을 박물관 유물로만 보존하는 것이 아니라 유물을 3D로 스캔하여 가상 공간에서 입어 보고 체험하게 하는 것을 예로 들 수 있다. 디지털로 저장된 자료는 여러 가지 방법으로 활용하기 쉬워 미디어 파사드 같은 프로젝션 매핑, 홀로그램 혹은 VR(가상현실)/AR(증강현실)/XR(확장현실) 등으로 다채롭게 사용할 수도 있다. 또 하루가 다르게 빠른 속도로 개발되고 있는 인공지능과 함께 다양한 툴을 적용하여 새로운 콘텐츠로 재창조가 가능하다. 종전에는 전시장 안의 유물 자체를 감상하는 것이 문화유산 향유의 주된 방법이었다면, 근래에는 다양한 형태의 디지털 매체를 필터로 유물을 다각도로 들여다볼 수 있으며 여러 가지 주제로 편집하고 해석하여 재가공, 재창조로 무한 확장시킬 수 있다. 원소스 멀티유즈(One Source-Multi Use)가 바로 문화유산 향유에 대한 접근 방식이 되었다. 이렇듯, 한복을 포함한 디지털 헤리티지 구축은 크게 세 단계로 나눌 수 있다.

첫째는, 디지털 원형 단계로 전통 문화유산을 디지털로 변환하는 것이다. 주로 아카이빙이나 데이터 구축의 단계를 말한다. 유물을 실측하고 분석하며 연구한 자료들을 디지털 방식으로 저장하는 기초적인 작업이다.

둘째는, 콘텐츠화 단계로 디지털 데이터를 바탕으로 VR, AR, MR, XR과 같은 기술에 연결해 융합형 콘텐츠를 만드는 것이다.

셋째는, 예술적 창조 단계로 미디어아트, 프로젝트 미디어 파사드 등의 기술로 새로운 예술적 경지로 끌어 올린 창작물을 말한다. 소재가 문화유산에서 출발했을 뿐 첨단 기술과 접목해 완전히 새로운 영역으로 확장된 단계다.

이처럼 디지털 헤리티지의 영역은 디지털화(Digitization), 저장과 보존 처리 및 해석, 표현과 보급, 전시 및 기획, 연구 개발 및 정책 제언 등까지 광범위하게 포함된다. 제공하는 콘텐츠별로 분류하면 대체로 정보 제공형, 디지털 복원형, 실감 체험형, 미디어아트형, 메타버스형으로 크게 나눌 수 있다.

3D 애셋

3D 애셋(Asset)은 3차원 모델링, 텍스처링 등으로 구성된 디지털 자산을 의미하며 다양한 요소로 구성된다. 이를 국가유산에 대입하면 국가유산 주제의 디지털 콘텐츠인 영화, 게임, 방송을 제작하기 위해 사용되는 가장 최소 단위인 자원을 뜻한다.

한복을 3D 애셋으로 제작할 때는 실제로 옷을 본뜨는 작업과 동일하게 마블러스디자이너 툴을 사용하여 도면화한 후 다양한 체형의 아바타에 시착 테스트를 진행한다. 한복의 물성과 질감을 디테일하고 현실감 있게 구현하기 위해서 보다 사실적인 PBR(Physical-Based Rendering) 기법을 이용하는데 원단의 무게감이나 주름을 조절할 수 있어 자연스럽게 표현된다. 또한 사실적인 질감 표현, 색상 변환 등이 가능하다. 이 과정을 거친 후 한복 애셋이 제작되지만 게임 엔진 기반의 애니메이션 처리를 위해 리깅 작업이 필요하다. 리깅 작업은 3D 컴퓨터 그래픽스와 애니메이션에서 캐릭터나 객체에 뼈대(스켈레톤)를 설정하여 움직일 수 있도록 하는 과정인데 캐릭터가 자연스럽고 사실적으로 움직일 수 있게 하는 과정이다. 게임 엔진 기반의 실시간 애니메이션 처리를 위해 한국형 게임 캐릭터의 얼굴과 바디에 최적화된 리깅 작업을 진행한다. 가상 착장(Auto-fitting) 기술로 다양한 체형의 아바타에 착용시켜 에러값을 조절한 후 검수하여 보다 자연스럽게 만든다. 최적화된 결과물을 도출하기 위해서는 옷뿐만 아니라 비녀, 가체, 노리개 등의 장신구 등 많은 부속품을 활용해 연출해야 한다. 섬세하게 연출함에 따라 전통적인 분위기를 더 깊이 있게 표현할 수 있고, 더욱 몰입감 있는 애셋이 생성된다. 애셋이 완성되면 다양한 확장자로 추출하여 모바일, 웹 등 모든 플랫폼에서 구동할 수 있게 된다. 구축된 애셋은 글로벌 애셋 스토어인 언리얼(UNREAL), 마켓플레이스(Marketplace), 유니티(Unity), 스케치팝(Sketchfab), 3D 애셋스토어 같은 민간 플랫폼에 업로드되고 전 세계 콘텐츠 제작자들이 활용할 수 있다. 사용자 중심의 라이브러리로 구성하여 보급되고 있는 것이다. 여기서는 직관적인 정보 검색이 가능하며, 용도에 따라 활용할 수 있는 다양한 형식의 파일이 제공된다.

많은 데이터들이 국가유산청과 같은 정부 플랫폼과도 연계되고 있다. 현재 우리나라는 국가유산의 디지털 대전환을 추진하고 있으며, 이를 통해 디지털 생태계를 조성하고 국가유산 원천 데이터를 지속적으로 생산하여 민간에 개방하고 있다. 또 국가유산 정보에 대한 대국민 접근성을 향상하는 것을 목표로 하고 있으며 이를 통해 국가유산 애셋을 사용하고자 하는 국민에게 필요한 서비스를 제공하고 있다.

편향된 학습 데이터 문제

패션 디자인 분야에서 AI를 사용할 때 윤리적 우려 중 하나는 시스템이 다양한 문화와 인구를 동등하게 대표하지 않는 데이터 세트를 학습할 때 발생하는 편향 문제다. 다양성과 포용성이 점점 더 중요해지고 있는 패션 업계에서, AI가 고정관념이나 문화적 편견을 고착화하지 않도록 하는 것이 중요하다(Musmeci & Pantano, 2023). AI 시스템이 특정 문화나 인구집단을 과소대표하거나 과대표하게 되면, 이는 공정성과 포용성을 저해하고, 결과적으로 창작물의 질과 다양성에도 영향을 미칠 수 있다. 또 패션의 맥락에서 특정 스타일, 직물 또는 신체 표현이 다른 스타일보다 선호되어 소비자 트렌드와 선호도에 대한 부분적이고 잠재적으로 왜곡된 시각을 만들 수 있음을 의미할 수 있다(Musmeci & Pantano, 2023). 같은 의미로 AI의 학습 데이터는 사회적 트렌드를 반영하고 형성하는 힘을 가지고 있으며, 예를 들어 AI 기반 트렌드 예측 알고리즘은 진화하는 문화적 및 사회적 가치를 반영하는 소비자 선호도에서 새로운 패턴을 식별할 수 있기 때문에 유행에 영향을 미칠 수도 있으며, 패션 트렌드의 균질화를 초래하고 패션 표현에서 문화적 다양성을 감소시킬 수 있다(Giovanola et al., 2023).

AI 모델의 편향성을 보여 준다(Kim, 2024)는 것은 AI가 학습하는 데이터가 특정 집단이나 문화를 배제하거나 왜곡하지 않도록 철저히 검토되고 수정되어야 함을 의미한다. 무엇보다 특정 집단이나 계층에 대한 차별이 발생하지 않도록 주의해야 하며, 특히 인종 · 종교 · 국적 · 성별 등을 이유로 차별이 발생하지 않도록 해야 한다(Kim, 2020). 이러한 편향성은 생성 모델의 사용성을 현저히 저하하는데, 이는 생성 모델 학습 방법과 학습에 사용하는 소수 민족, 저개발 국가 문화 데이터가 매우 부족한 것과 관련되어 있다(Kim, 2024). 이러한 AI의 데이터 편향 문제는 단순히 기술적 문제가 아니라 사회적, 문화적 맥락에서의 윤리적 문제로도 간주되어야 한다. AI 시스템의 개발자와 디자이너는 데이터 편향 문제를 인식하고 이를 해결하기 위한 구체적인 전략을 마련해야 한다. 이러한 편견을 해결하고 완화하는 것은 패션 업계에서 공정하고 포용적인 AI를 구현하는 데 매우 중요한 요소가 될 것이다.

생성형 인공지능 학습 데이터 입력

팬데믹으로 인한 비대면 문화의 도래에 따라 현실과 가상현실 기술이 연계된 문화 소비가 예상보다 빠르게 확산되었고 이에 따라 다양한 분야의 산업 전반이 디지털화되고 있다. 다만 콘텐츠 시장에서는 한국적인 소재가

타국에 비해 확연히 부족하다. 이는 한국적인 애셋 보급 부족으로 제작되는 콘텐츠 다양성이 저하되는 문제와 직결된다. 민간 글로벌 애셋 스토어에 검색했을 때 한국의 자료는 일본에 비해 수량이 10분의 1 정도로 부족한 수준이었다. 그 결과 한복이 기모노풍으로 나오게 되는 것이다. 한복이 동아시아 복식과 유사한 점이 있어 실제로 AI가 한복 이미지를 생성할 때 중국과 일본의 의상과 건축물이 자주 형성된다. 이러한 이유로 한국 고유의 정체성이 반영된 올바른 한복 3D 애셋 제작의 필요성이 절실하다. 그래서 한복 전문가와 IT 전문가가 협업하여 제안하고 선정된 정부 프로젝트가 생성형 AI에게 한복을 학습시키는 것이다. 필자는 7살 수준의 AI에게 한복 학습을 시키기 위하여 데이터를 입력하는 데 참여하여 과제를 수행했다.

본 과제는 정부 기관과 민간 기업 및 대학이 협업했다. 과학기술정보통신부와 한국지능정보사회진흥원(NIA)이 주최하고 민간기업이 주관했다. 대학교 산학협력단, 한국문화재재단이 참여 기관으로 함께했다.

과제는 인공지능 학습용 데이터 구축 사업으로 전통 한복을 3D 데이터로 만들어 인공지능에게 학습시키는 것이다. 사업 기간은 매우 짧았으나 기간에 비해 총 사업

비는 20.6억 원(정부지원금 17억 원, 민간부담금 3.6억 원)으로 비교적 높이 책정되었다.

본 과업의 목표는 전통 한국 복식의 원형을 복원하고 이를 문화콘텐츠로 사업화하려는 주체를 위해 인공지능 학습용 데이터 기반을 구축하는 것이다. 이를 위하여 한복의 2D, 3D 이미지를 생성하고, 인식과 분류 가능한 AI 학습용 데이터를 구축하여 개방함으로 다음과 같은 활용 범위를 가질 수 있었다.

첫째, 국가유산으로서의 전통 한복의 정체성을 확보한다.

둘째, 전통 한복, 현대 한복 등 전통 패션 산업의 디지털화를 촉진한다.

셋째, 한국 전통 복식과 타 문화권 민속복과의 구분이 가능한 충분한 양의 데이터를 확보함으로 한복의 글로벌 홍보 효과를 달성할 수 있다.

넷째, 영화, 드라마, 게임, 애니메이션 등 2D, 3D 캐릭터의 복식 디자인에 활용할 수 있다.

다섯째, 한복을 3D 착장 체험 등 XR, VR 실감형 콘텐츠로 활용함으로써 한복이 외국인을 포함한 대중과의 소통 수단이 될 수 있다.

과제 수행의 첫 단계는 많은 양의 데이터를 수집하는

것이다.

데이터 수집은 한복 관련 기관과 업체를 방문하여 복식 종류를 직접 문의하거나 질문지 방식으로 체크리스트를 작성하는 등 몇 차례의 사전 조사를 실시하는 방식으로 시행되었다. 그러고 난 다음 수집 가능한 목표 수량을 설정한 후 복식 분류 체계를 구성했다.

두 번째 단계에서는 수집된 많은 복식 종류 중에서 분류하기 애매한 아이템들을 제외하고 선별한 복식들을 손질하여 준비했다.

세 번째 단계에서는 한복을 모델에게 입는 순서대로 착장시키고 회전 촬영 장비와 360도 삼차원 촬영 장비가 갖춰진 스튜디오에서 2D와 3D 각각 고해상도 카메라로 촬영하여 원천데이터를 수집했다. 2D 데이터는 복식을 360도 회전판에 부착하여 세 각도로 촬영하고, 3D 데이터는 모델이 착복한 상태에서 서 있는 자세, 앉아 있는 자세, 양팔 벌린 자세, 손을 모은 공수 자세 등 몇 가지 포즈를 360도 촬영하여 생성했다. 한복과 장신구를 포함해 착장한 상태와 장신구를 제외한 컷, 장신구만 별도 컷으로 2D와 3D로 촬영했다.

네 번째 단계는 데이터를 분류하는 것이다. 한복을 시대, 착용자의 성별과 연령, 신분 및 착장 상황과 용도에 따라 구분하고 색상, 소재, 문양, 기법 등의 정보를 기입했다. 시대는 크게 조선 전기와 조선 후기, 일제강점기, 광복 이후로 구분했다. 수집된 복식은 유물을 근거로 재현하거나 변형·창작된 작품으로 제작 시기는 모두 현대이지만 복식 디자인의 특징을 근거로 시대를 구분했다. 착용자의 성별은 남녀로 연령은 성인과 아동으로 구분하였으며 신분은 왕실과 사대부인 경우 '상류층', 왕이하 서민까지 두루 착용 가능한 복식은 '모든 계층'으로 표기했다. 착장 상황에 따라 조복, 제복, 혼례복 등은 '의례복'으로, 상복·시복 등은 '관복'으로, 편복은 '일상복'으로 구분했다. 그러나 착장 상황에 따라 백관의 관복이 신랑의 혼례복이 될 수 있는 한복의 특성으로 인하여 분류가 애매한 경우가 다수 있었다. 복식은 또한 용도에 따라 겉옷, 덧옷, 상의, 하의로 나누고 장신구는 크게 머리 장식과 몸 장식, 신발로 구분하고 쓰개, 띠 등 구체적인 이름을 입력했다. 속옷과 버선은 촬영 시 드러나는 부분이 아니며 중복된 라벨링으로 인하여 오류가 발생하여 인공지능 학습에 방해가 되므로 제외했다. 색상은 적색계, 자색계, 청색계, 백색계, 황색계, 흑색계로 나누어 입력하였는데 크로마키 배경이 녹색이라 연두색, 초록색, 두록색(豆綠色) 등의 색상은 배경과 유사하여 인식 오류가 발생하기도 했다. 옷감의 소재가 얇은 경우나 갓 끈, 옷고름, 떨잠, 비녀 등의 세밀한 부분에서도 인식 오류가 빈번하게 발생했다. 복식의 소재는 견, 화섬, 금속, 가죽, 모피 등 재질에 따랐고 문양은 식물문, 동물문, 자연문, 기하문, 기물문 등으로 나누었으며 기법은 누비, 금박, 직금, 색동 등 주요 디자인 정보를 중심으로 기입했다.

복식 아이템을 조합하여 총 110만 장 이상의 원천 데이터를 수집했다.

다섯 번째 단계는 라벨링 작업이다. 수집된 데이터는 2D, 3D 고해상도 이미지를 복식 아이템별로 3차원 그래픽을 구성하는 기본단위 다각형 분할(Polygon Segmentation) 방법을 적용하여 객체 라벨링을 진행했다.

라벨링 데이터로 구축된 2D, 3D 이미지는 인공지능 학습 연계를 위한 명세 구체화 작업으로 메타데이터 제작 과정을 거쳤다.

여섯 번째 단계는 정제다. 구축된 데이터는 품질 검증의 단계를 거치는데 촬영한 2D, 3D 데이터의 중복을 걸러내고, 인식 불가 데이터 확인, 안면 비식별화 및 입력된 메타데이터와 대조를 통하여 오류를 찾아내는 등의 정제 과정을 거쳤다. 정제 과정을 거친 데이터는 이미지에 캡션을 달아 라벨링을 하여 가공한다. 이때 데이터는

2D, 3D 이미지가 png와 json 형식으로 쌍을 이루며 구성하게 된다.

3D 가공의 과정을 거쳐 완성된 전통 한복 3D 데이터는 향후 한국지능정보사회진흥원(NIA)의 AI HUB (aihub.or.kr)를 통해 공개될 예정이다.

참고문헌

김시로(2024). 한복생활 글로벌 확산을 위한 한복 3D에셋의 미래가치.

박진호(2024). 디지털문화유산-사마르칸트 아프라시압 궁전벽화 디지털복원 실크로드 복식을 중심으로-.

백욱인(2011). 빅데이터를 둘러싼 전유싸움: 디지털 아카이브를 중심으로. 서울과학기술대학교 SSK 위험정보사회 연구팀 8회 정기세미나 자료집.

한국기록학회(2008). 《기록학 용어 사전》.

Giovanola, B., et al.(2023). Artificial intelligence and fashion: Ethical and social implicсations. *Fashion and Textiles*, 10(1), 1-15. Spring pp.10-11.

Kim(2020). How should fashion industry address AI bias and inequity. *Fashion Sustainablity Directory*, pp.12-14.

Kim, Y. J. & Bae, Y. J.(2024). Fashion design and generative AI: Category of creative works and ethical challenges. *The Korean Fashion and Textile Research Journal*, 26(4), 326-338.

Musmeci, R. & Pantano, E.(2023). *Artificial intelligence in fashion: Ethical concerns and consumer perspectives.*

Fashion and Textiles. Springer.

08
한복의 정체성과 아름다움

한복의 본질적인 정체성을 인식하고 전통의 미의식에 대한 이해와 AI의 기술력을 이용하여 오늘의 한복을 완성한다면 진정한 글로벌 헤리티지 산업이 될 것이다.

AI와 한의학?

디자인의 구성 요소에는 색상, 형태, 소재가 있는데 색깔이 가장 먼저 눈에 들어오고, 다음으로 형태를 인지하며 소재와 디테일은 마지막으로 알게 된다. 현대 사회에서 전통 한복을 입으면 첫 번째로 감탄하는 부분이 색상이다. 무채색과 저채도의 비중이 높은 현대 의상 가운데 단연 돋보이는 부분이기 때문이다. 한복에서만 볼 수 있는 단아한 곡선과 풍성한 실루엣은 누가 입어도 태도와 마음가짐부터 달라지게 만드는 힘이 있다. 가까이 들여다볼수록 섬세한 소재의 멋은 또 어떠한가. 이렇게 단순히 떠올려도 한복에는 한복만의 고유한 아름다움이 분명히 있다.

필자가 본격적으로 대학에서 배운 한복의 미는 다음과 같은 것들이 있다. 자연미, 상징미, 절제미, 파격미, 해학미, 조화미, 균형미 등으로 압축할 수 있는데 이렇게 접근하면 한복이 딱딱하고 참 지루해진다. 우리는 한복을 매일 입지 않기 때문에 학문적인 접근을 할 수밖에 없었을 수도 있다. 그러나 한복을 관람하고 연구하고 제작하고 연출하는 등의 방법으로 한복의 세계에 빠져들다 보면 단순히 단어로 표현할 수 없는 한복의 아름다움, 그 매력이 살아나서 우리에게 잔잔하고도 큰 감동으로 밀려온다.

한복의 매력 중 하나를 꼽으라면 고민하지 않고 차경(借景: 경치를 빌리다)을 들 것이다. 한복에서 창을 일종의 액자 삼아 풍경을 바라보고 자연과의 어울림을 무엇보다도 중시했던 선조들의 심성을 들여다볼 수 있다. 한복도 그러하다. 자연을 담아내는 정서와 철학이 곳곳에 가득하다.

자연스러움, 실용과 형식

한복의 매력은 여러 가지가 있지만 그중에서도 가장 큰 특장점은 자연스러움이다. 면, 마, 견 등 친환경 소재 위에 천연 재료로 염색한다. 그 위에 자연에서 기인한 무늬를 짜 넣거나 금박하고 자수를 놓는다. 기본적으로 몸을 인위적으로 구속하지 않는다. 서양의 코르셋처럼 몸에 꼭 맞게 입지 않는다. 그 이유는 평면 패턴을 사용하기 때문인데, 2차원의 평평한 원단이 3차원의 신체와 만났을 때 생기는 공간적 여유가 편안함을 추구하여 심리적인 여유로 연결된다. 몸통의 직사각형 패턴과 팔의 직사각형 패턴이 만나기 때문에 서양의 셋인 슬리브(Set-in sleeve)에는 없는 공간이 생겨 팔의 움직임을 자유롭게 할 뿐만 아니라 어깨와 겨드랑이가 만나는 지점에 새로운 접은 선이 나타남으로 생기는 독특한 미적 특징이 있다. 치마는 어떠한가, 치마 말기의 긴 직사각 띠에 여러 폭을 이은 치마를 붙이는데 이때 주름을 잡아 볼륨이 생성되며 끈으로 묶는 정도에 따라서 사이즈 조절은 물론이요, 치마의 형태도 자유롭게 연출할 수 있다.

직선으로 재단하며 남는 부분을 접어 바느질하여 되도록 자투리가 생기지 않으며 성장해도 사이즈를 늘려줄 수 있는 옷이다. 특히 성장기 어린이 옷에 시접이 다량 들어가 있는데 이는 성장 속도에 맞춰 사이즈를 늘려주려는 실용적인 의도가 담겨 있다. 지금과 같이 기계화된 생산 과정으로 인해 천이 흔하던 시절이 아니라 고안된 방법이겠지만 이러한 점은 업사이클링 등의 방법으로 지속 가능한 패션을 추구하는 시대적 요구와도 맞아떨어지는 부분이다.

또한 현대적인 여러 가지 아이템과 시대별 믹스 앤드 매치(Mix & Match)가 가능하여 실용성과 장식성이 공존하는 옷이 한복이다.

상징과 염원

한복에는 무늬마다 숨겨진 보물 같은 이야기들이 담겨 있어 스토리텔링 포인트(storytelling point)가 무수히 많다는 점도 매력으로 들 수 있다. 예를 들어 여인의 치마

밑단과 중간에 포도 동자(童子) 무늬를 많이 넣는데 이는 포도 열매처럼 많은 자손을 낳아 창성하라는 의미가 담겨 있다. 현대인들에게는 혐오스러운 동물인 박쥐도 옷의 무늬가 되어 박쥐 편(蝙), 박쥐 복(蝠) 자를 사용하여 편복문(蝙蝠紋)이라 불렀다. 편복은 복을 바라는 마음에서 베갯모, 떡살, 그릇과 수저, 가구의 경첩 등 다양한 규방 공예의 문양으로 즐겨 사용되었다. 모란이나 연꽃은 또 어떠한가, 모란은 꽃 자체가 크고 탐스럽고 꽃잎이 화려한 자태를 자아내 부유함과 귀함을 상징하게 되었다. 연꽃은 진흙 속에서도 고고하게 피어나 선비의 청빈(淸貧)과 군자의 덕(德)을 상징하게 되었다. 구름은 가뭄에도 만물을 소생시키는 비를 몰고 오거나 자유자재로 움직이는 모습을 가졌기 때문에 농경사회에서 신령한 존재로 인식되며 높은 신분과 권위를 상징하며 주로 남자의 관복에 은은한 무늬로 새겼다.

활옷은 결혼할 때 신부가 입는 옷으로 인생의 바람과 염원의 집결체라 할 만큼 온갖 무늬를 화려하게 수놓았다. 두 가지 다른 성씨가 만나 온전히 하나가 되고 자손을 많이 낳아 크게 성공을 이루고 대대에 만복을 누리라는 의미에서 이성지합(二姓之合) 자손창성(子孫昌盛)이라는 글귀를 새겨 넣었다. 옷에 소망을 새기고, 축원하는 기도를 수놓고 무늬를 통해 함축된 메시지까지 담은 옷이 바로 한복이다. 이론적으로 상징미가 있다고 배우는 것과 달리 실제로 새롭게 만나는 유물마다 이런 코드를 하나둘씩 발견하다 보면 마치 작가의 의도를 너무도 재밌게 설명해 주는 전시 해설사를 만나는 기분이 든다.

장수와 복을 기원하는 의미에서 목숨 수(壽) 자와 복 복(福) 자를 새기거나 윤겸아 신퉁허다 등 손주의 이름과 함께 메시지를 써 넣는 상징미가 가득하다.

품격과 해학, 정적인 율동에 깃든 자유와 기품

반드시 의관(衣冠)을 갖추어 입는 것, 속옷이나 포를 겹겹이 입는 착장법 등은 실루엣을 살릴 뿐 아니라 질서와 예의를 지키며 격조를 드러내는 품격미가 있다. 학문적 명망이 높은 학자가 입은 심의(深衣)라는 옷은 백색 바탕에 검은 선을 둘러 절제된 미의식을 표현함에도 어린 아이의 색동에 사용하는 오색의 실로 직조한 허리끈을 둘러 해학을 표현했다. 넓은 소매의 품격 있는 선비의 연한 옥색 도포에도 색채와 면적의 강렬한 대비를 이루는 홍색 허리끈을 가늘게 둘렀다. 이러한 파격적인 대비는 엄숙함과 근엄함 속에서 상상하기 힘든 해학적 요소다.

겨울용 한복에는 옷감과 옷감 사이에 솜을 두고 누빈

것이 있다. 그러나 때로는 방한의 목적이 아닌 안팎을 가늘게 누벼 원단에 직선으로 누벼 줄무늬 효과를 내기도 했다. 이는 당시 사대부들이 추구했던 정신세계의 표현으로 규범과 질서를 의도한 것으로 보인다. 장식보다 위대한 절제를, 채움보다 더 위대한 비움을 선택한 것이 한복의 정체성이다. 과도함을 즐기지 않고 심플함을 추구하는 소박함, 절제미가 있다.

프랑스에서 한복 패션쇼와 전시를 했을 때, 사람들은 한복을 '자유와 기품을 한데 담아낸 옷'이라 표현하며 찬사를 아끼지 않았다(Korea JoongAng Daily, 2024). 이것이 바로 외국인들도 공통으로 느끼는 한복의 미감임을 알 수 있다.

머리장식인 떨잠은 키네틱아트(kinetic art)라 할 만큼 조형적인 요소에 움직임의 미학을 갖춘 예술품이다. 그 움직임은 커다란 율동이 아니라 작은 숨결에도 파르르 떨리는 감정 표현까지 포착될 만큼 미세해 섬세한 아름다움을 선사한다. 선비들의 필수품인 부채 끝에 달린 선추나 갓을 고정하는 실용적인 갓끈에 또다시 산호, 호박, 대모 등을 꿰어 패영으로 꾸민 장식적 갓끈을 보면 정적인 옷에 동적인 요소를 더하여 비로소 완성된 느낌을 갖게 한다. 부녀들의 노리개, 향낭, 심지어 옷고름도 그러하다. 옷고름이 서양의 단추와 다르게 고정되어 있지 않은 것은 사이즈가 달라져도 품을 어느 정도 여유롭게 조절할 수 있는 실용성을 갖춤과 더불어 움직임에 따라 혹은 바람에 나부끼는 율동미를 즐기기 때문이다. 오방낭, 향낭 같은 주머니도 서양의 옷에 부착하는 것과는 다르게 별도로 착용하여 기능성을 갖춤과 더불어 미적인 요소를 더한다는 측면에서 같은 맥락이다. 이렇듯 고요하고 정적인 요소 위에 율동미를 더하여 자연스러운 움직임을 즐기는 것이 한복의 특징이다.

"검이불루(儉而不陋) 화이불치(華而不侈)"는 검소하나 누추하지 않으며 화려하나 사치스럽지 않다는 뜻으로 김부식이 《삼국사기》에 백제 건축물을 보고 쓴 표현이지만 이러한 미감은 한복에도 고스란히 적용된다. 이렇듯 한국적인 아름다움은 어쩌면 달항아리처럼 순백의 미감에 약간은 울퉁불퉁하고 일부러 완벽한 좌우대칭을 추구하지 않은 듯한 자연스러움에 풍요를 기원하는 마음까지 담긴 것이 아닐까.

한복의 정체성

한복에서 느껴지는 아름다움은 사람의 마음을 사로잡아 끄는 힘 즉, 매력이고 매력은 본질과 연결된다. 본질은 외관이나 물성이 달라지더라도 변하지 않는 고유한 성질이다. 우리가 어떤 것의 본질을 정확히 이해할 때 중요한 핵심을 놓지 않으면서 무한한 변주를 이끌어 낼 수 있다.

'한복의 본질은 무엇인가'라는 질문의 답을 찾아가려면 일단 한복의 이미지를 떠올리게 된다. '한복' 하면 떠오르는 이미지로는 향수, 그리움, 옛날, 푸근함, 할머니 등이 있다. 왜 그럴까 생각해 보면 사람들은 인생의 중요한 순간들, 인생의 찰나를 놓치지 않으려고 사진을 찍는다. 사진 속의 주인공은 대부분 태어나고 장성해서 결혼하고 아이를 시집, 장가보내고 이별하는 일련의 관혼상제(冠婚喪祭)에 한복을 챙겨 입는다. 한복은 단순한 의례복이 아니라 삶의 본질을 추구하고 정체성을 찾는 연결고리다. 실오라기 하나 걸치지 않고 태어나는 인생에서 한 줌의 흙이 되기까지 인간이 동물과 구별되는 것은 음식도 집도 아닌 옷이다. 의식주 중에 먹고 사는 게 제일 중요할 것 같지만 가장 앞에 의(衣)가 붙는 이유다. 소색(素色)의 배냇저고리에서부터 알록달록한 색동으로 꾸민 돌옷, 온갖 좋은 의미와 정성을 다해 수놓은 혼례복, 건강과 장수를 축하하고 기원하는 회갑이나 칠순 잔치를 지나 삶의 마지막 여정을 함께하는 수의(壽衣)를 입기까지. 인생의 중요한 순간에 우리는 경건한 마음으로 안녕(安寧)과 축복(祝福)을 기원하며 뿌리, 본질을 찾게 된다. 왜냐하면 그래야 불안을 잠재우고 안정감을 찾을 수 있기 때문이다. 그래서 전통 한복은 현대화된 라이프스타일에도 이러한 의례복의 형태로 남아 있다. 한복은 단순히 옷을 이어 가는 역할만 한 것이 아니라 한 민족의 역사와 가족의 문화를 함께 전수하는 역할을 해 왔다. 최명희의 《혼불》은 탄생과 결혼과 죽음의 의식에서 한국인의 삶의 원형을 가장 아름답고 슬프게 묘사하면서도 엄밀하게 사실성을 부여한다. "사람이 죽으면 다음 세상으로 가는 것, 돌아갈 때 수의는 시집갈 때하고 똑같이, 녹의홍상에 원삼 족두리를 해 드린다"(최명희, 1996)라고 말하고 있다.

한복을 착용하는 것은 단순히 아름다움을 추구하는 것이 아니다. 한복은 한국인의 문화적 정체성을 표현하고, 그로 인해 사회적 연대감을 느끼게 한다. 또 색상과 디자인에 따라 각각 다른 의미를 내포하고 있어, 이를 통해 개인의 감정과 상황을 표현하기도 한다. 이러한 요소는 현대 사회에서도 유효하게 작용하며, 최근 한복을 통해 자신의 정체성을 찾고 싶어 하는 젊은 세대들이 점차 증가하고 있다.

한복의 정체성과 본질에 대한 고민이 짙어질수록 왜 한복을 지키려 하고 연구하고 오늘에 입고 싶어 하는 것일까 하는 질문도 뒤따라온다. 입고 싶음은 좋아하고 바라는 동경이 되는데 동경의 의미는 애틋하게 그리워하거나 바라는 마음이 응축되어 있어 결국은 한복의 이미지와 다시 연결된다.

인공지능이라는 복잡한 신기술, 4차 산업 시대라는 고도화되는 세상 속에 사는 우리의 디자인은 더욱 심플해진다. 피로도가 증가하기 때문에 복잡함을 더하고 싶지 않고 오히려 여백을 원하는 심리가 있기 때문이다. 지난 세기말에도 유행했던 미니멀리즘이 또다시 반복되는 것은 결코 우연한 현상이 아니다.

문명과 기술이 발전할수록 가장 미래적인 옷은 천연 소재로 회귀한다. 기술의 발전에 따라 얼마든지 저렴하고 기능적인 소재를 구현할 수 있지만 그러한 편리함은 기후 위기라는 또 다른 불편한 재앙을 초래했다. 패스트푸드를 먹고 편리한 운송 수단을 통해 시간을 절약했지만 발효 음식을 먹고 많이 걸어 다녔던 시대에 비해 치명적인 비만과 합병증을 얻은 것과 같다. 과학기술은 발달했지만 물신주의에 대한 회의, 자연환경 파괴, 세기말적 현상과 포스트모더니즘이 만연해진 혼돈과 무질서 속

중심을 잡으려는 정신적인 모험과 분투를 그린 SF 영화 〈스타워즈〉의 옷을 떠올려 보라. 광선검을 들고 싸우지만 테크노 웨어(Techno wear)에 반한 부정적인 시각과 함께 동양의 도사들이 입을 만한 누더기 같은 포를 걸치고 있다. 그은 어쩌면 인류가 망가뜨려 놓기 전의 자연의 옷(Eternity wear)을 입으며 영원성을 추구하는 것이 아닐까.

결국 우리의 정체성, 근원을 찾는 작업도 자연으로 돌아가는 것이기에 우리 민족뿐만 아니라 세계적으로도 공감이 되는 트렌드로 작용하는 것이 아닐까.

참고문헌

최명희(1996). 《혼불》. 매안.

Korea JoongAng Daily(2024.8.2). Korea showcases hanbok at Paris fashion event – in pictures. https://koreajoongangdaily.joins.com/news/2024-08-02/culture/koreanHeritage/Korea-showcases-hanbok-at-Paris-fashion-event-in-pictures/2104442

09

K컬처와 한복 패션

최근 전통 한복의 재해석이 활발히 이루어지며, 디자이너와 패션 브랜드는 전통 요소를 현대적으로 변형해 새로운 스타일을 선보이고 있다. SNS를 통해 현대 한복이 공유되며 관심이 증가하고 있으며, 정부 기관과 기업들도 전통 한복을 근무복으로 도입하고 있다. 이때 한복의 고유한 아름다움과 정체성을 유지하면서 현대적 요소를 결합하는 것이 중요하다.

AI와 화장품?

SNS 한복 문화

최근 글로벌 대중문화의 결합으로 SNS를 통해 새로운 한복의 패러다임이 형성되고, 한푸(漢服, Hanfu)와 한복(韓服) 논쟁이 벌어지는 등 세계 속의 우리 옷에 대한 관심이 증가하고 있다. 요즘 MZ세대들은 한복을 소유하기보다는 문화로서 공유하는 특징을 가지고 있다. 한복 입고 '궁궐 나들이'를 하며 사진 찍기, '한복 입고 세계 여행 가자', '한복 체험-청와대 녹지원 산책' 등의 이벤트를 통해 제품의 구매와 소장보다 경험적 소비를 중요시한다. 이들에게 한복은 신선한 옛것(old item)으로 다가오며 세상 '힙하다'는 표현으로도 이들이 한복을 즐김을 알 수 있다. 온라인상에서 디지털 패션쇼가 열리고 불특정 다수가 특정한 시공간에 모여 한복이라는 같은 코드를 가지고 플래시몹(FLASH MOB)을 하는 것을 보면 한복이 새로운 놀이문화로 자리 잡고 있음을 볼 수 있다.

이들은 환경을 지키면서 전통도 재미있게 계승하고자 하는 핵심 가치를 지니고 있으며 새로운 가치 소비를 하면서 이전과는 다른 의미로 한복을 재조명하고 있다. 신진 디자이너들은 한복 원단으로 정장 스타일의 양복을 디자인하기도 하고 전통 문양을 패턴화하여 다양한 제품으로 대중에게 소개하며 신선하다는 반응을 얻는다.

이들은 폐쇄적인 작업실에서 고독하게 창조해 낸 디자인을 발표하는 것이 아니라 SNS를 통해 공개적으로 대중의 의견을 먼저 수렴한 다음 디자인을 한다. 또한 소비자의 집단지성을 활용해 제품을 수정하여 출시하기도 한다. 브랜드만의 스토리텔링으로 만든 샘플을 소개하여 목표한 펀드레이징이 이루어지면 제품을 생산하는 등 초기 리스크를 줄이며 소통과 마케팅 방법론에서도 이전과는 다른 양상을 보인다.

한복과 K-팝

BTS, 블랙핑크 등의 K-팝, 〈기생충〉(K-movie), 〈오징어 게임〉(K-drama)과 최근 〈케이팝 데몬 헌터스(K-pop Demon Hunters)〉까지 이런 문화가 보여 주는 소프트파워 성장의 시너지 효과로 한복에 대한 관심도 함께 고조되고 있다. 10여 년 전 유행했던 싸이의 〈강남스타일〉 말춤은 그 DNA가 고구려 무용총 벽화까지 거슬러 올라간다는 우스갯소리가 있을 정도다. 달리는 말 위에서 움직이는 피사체를 사냥하는 것을 보면 적어도 세 가지를 알 수 있는데, 첫째, 기마민족이라 점이다. 둘째, 달리는 말 위에서의 사냥 실력은 올림픽 양궁 금메달의 원인이 아닐까. 마지막으로 빨리빨리 습성은 대한민국이 IT 강국이 되게 한 원동력이라는 것이다. 그 밖에 기원전 외국인들이 보기에도 한국 사람들은 옷과 모자를 중시하고, 춤과 노래를 즐기고, 흰옷 입기를 좋아했다. 《삼국지》의 '위지동이전' 부분에서 그 기록을 확인할 수 있다.

이러한 K-DNA가 우리 속에 새겨져 문화로, 또 문화의 정수인 복식으로 표현되어 오늘까지 고유 복식의 명맥을 이어 간다는 건 놀라운 사실이다.

한복의 IP

한복의 미래를 찾기 위해서 한복의 IP(internet protocol) 주소, 현재 위치를 찾는 것에서 출발하려 한다. 팬데믹을 통해 글로벌이 하나의 네트워크임을 경험했듯, 단지 지구 반대편 나라의 전통 의상 이야기를 하려는 것이 아니다. 1장에서 한복의 역사를 바라보는 관점을 가졌다면, 이제 그것의 현 위치를 파악하고 어떻게 연구하고 풀어내 나의 분야에 접목할 수 있을지 고민하는 시발점이 되길 바란다.

샤넬(Channel), 구찌(Gucci), 디올(Dior), 프라다(Prada), 루이뷔통(Louis Vuitton) 등 해외 명품 브랜드의 패션쇼가 이제는 한국에서 열리는 시대가 되었다.

이들이 왜 한국에서 쇼를 하고 한복을 어떻게 연구하

는지 최근 사례들을 보겠다. 그리고 한국의 한복 연구, 전시 경향을 살펴봄으로 왜 그들(글로벌 럭셔리 브랜드)이 한복을 주목하는지, 한복의 위상이 지금 어떤 IP를 찍고 있는지 점검함으로 우리의 패션 내비게이션(navigation)을 확인하고자 함이다.

세계가 주목하는 문화유산, 한복

2009년 프라다는 경희궁에서 '트랜스포머(Transformer)'라는 프로젝트를 기획했다. 건축가 렘 콜하스(Rem Koolhaas)가 설계한 오각형의 구조물은 미술/영화/패션 등 문화 전반에 관련된 전시로 웨이스트 다운 이벤트(waist down event)를 하며 미우차 프라다(Miuccia Prada)의 스커트를 독특한 기법으로 선보였다. 무덤에서 나온 출토 복식을 연구해 온 필자의 관점에서 재밌었던 사실은 프라다의 스커트를 펼쳐 전시한 방식이었다. 그 모습이 15, 16세기 출토 유물을 떠올리게 해 놀라지 않을 수 없었다.

2011년 캐롤리나 헤레라(Carolina Herera)는 선비들이 쓰던 갓을 모티브로 한 모자, 한복의 옷고름을 표현한 매듭 디테일, 도포끈 벨트 장식 등 한복의 품격 있는 모습과 절제된 율동미를 표현한 S/S 콜렉션(collection)을 펼쳤다.

2015/16년 DDP(동대문 디자인 플라자)에서 열린 샤넬의 크루즈 쇼가 있기까지 카를 라거펠트(Karl Lagerfeld)를 비롯한 샤넬의 연구진들은 한국에 방문하여 박물관을 보고 복식 전문가들과 수차례 이야기를 주고받으며 한국 복식 사료들을 가져갔다. 그렇게 탄생한 크루즈 쇼에는 이전의 다른 디자이너들과는 다른, 한복에 대한 많은 정보가 있었음이 여실히 드러난다. 치마저고리뿐만 아니라 조각보, 주머니, 헤어 장식인 떨잠, 단청 무늬를 샤넬의 까멜리아와 연결하는 등 매우 디테일한 접근이 보인다. 조각보 디자인을 그대로 스카프 디자인으로 옮긴다든지, 전통 색동무늬를 현대 소매에 동일하게 적용하고 특히 자개 보석함의 재질을 옷감(fabric)에 그대로 재현한 고급 맞춤 제작 기술(쿠튀르적 스킬)은 내가 본 중 전통 디자인을 가장 놀랍게 적용한 사례였다. 상상을 뛰어넘는 디자이너의 시선과 구현 능력에 감탄했다.

2022년 크리스찬 디올(Christian Dior)은 FW 쇼를 이화여대 캠퍼스에서 진행했다. ECC 건물 특징에 맞게 구조물을 설치하고 스케이트보드를 타고 내려오는 공연으로 쇼를 시작했다. 그리고 MZ세대를 겨냥하며 동시에 같은 날 성수동에 플래그십스토어를 열었다.

2023년 구찌도 경복궁의 단청을 모티브로 보자기를 디자인하고 매듭과 경복궁 엽서 등으로 장식한 럭셔리한 초대장(invitation)을 선보였으며, '서울 구찌 가옥'이라는 이름의 플래그십 스토어에는 색동과 돼지머리가 올라간 우리 민간 신앙의 일환인 굿을 형상화했다. 당시 정신세계의 무형 문화유산까지 유형의 디자인으로 차용해 독특한 스토리를 채우고 재미 요소를 더한 것이 젊은 이들에게 신선하게 다가갔다.

2023년 루이뷔통은 반포 한강공원과 연결된 잠수교의 분수와 구조물을 활용하여 크루즈 쇼를 했다. 크루즈룩이 쇼를 한층 더 돋보이는 장치가 되었다.

이처럼 세계 톱 디자이너들은 유형에서 무형에 이르는 유산까지 접근하여, 한국의 건축물이 세계적이라는 것을 인지하고 한국 문화와 패션을 연결하려는 노력을 하고 있다. 동양의 에스닉(ETHNIC) 패션으로 한국을 주목한 이후로 단순히 한복의 독특한 요소를 디자인에 사용하는 것을 넘어 한국 건축, 미술, 영화 등 전반적인 한국 문화와 연결하려 노력하고 이제는 보이지 않는 무형 문화-정신세계까지 패션 문화 디자인에 접목하려 하고 있다.

10
한복, 보물 상자를 열다

글로벌 명품 브랜드들이 한복을 주제로 패션쇼를 열 만큼 한복은 세계적으로 주목받고 있다. 한복은 한국의 역사와 문화를 상징하는 중요한 요소로, 이제는 인공지능이라는 첨단 기술과 전통을 결합해 새로운 미래를 창조하는 시대가 열렸다.

종교와 AI?

한복의 재해석, 현대화 한복

최근 들어 전통 한복에 대한 현대적 재해석이 활발하게 이루어지고 있다. 많은 디자인 전문가와 패션 브랜드들은 전통 요소를 현대적 감각으로 변형하여 새로운 스타일을 선보이고 있으며 이러한 접근은 전통과 현대의 조화를 이루려는 노력으로 볼 수 있다. 현대적인 소재로 만드는 한복이나 전통 소재로 만드는 양복이 그러하다. 청바지와 저고리를 크롭 탑처럼 입고 전통 속옷을 겉옷으로 치환한다. 전통적 디테일을 강조하여 해석하거나 다양한 전통 공예 기법을 결합한 새로운 형태의 한복은 젊은 세대에게 큰 인기를 끌고 있다. 이는 한복을 더욱 많은 사람들이 수용하게 돕고 있는데 SNS와 같은 플랫폼을 통해 현대 한복 관련 콘텐츠가 쉽게 공유되면서, 자연스럽게 이들 의복에 대한 관심도 증대하고 있다. 이러한 분위기로 인해 전통을 사랑하는 사람들의 모임이나 관련 학술 대회 및 중요한 문화 행사 때 전체적인 착장은 못 해도 배자나 장신구 등 적어도 드레스코드 하나쯤은 맞춰 입어야 하는 것이 필수가 되었다. 그래야 한국인의 정체성과 문화적 연대감을 강하게 느낄 수 있으며 자부심 또한 높아지기 때문이다.

또 정부 기관이나 기업들이 전통 한복을 근무복으로

도입하고 있다. 이는 기업의 이미지와 가치를 강조하는 효과가 있다. 이로써 직원들은 조직에 대한 소속감을 느끼며, 이것이 업무 능률 향상으로 이어지는 긍정적인 요인이 될 수 있다.

이렇게 한복을 재해석하거나 현대화된 한복을 만드는데 중요한 점은 한복의 고유한 아름다움과 정체성을 잃지 않으면서 현대적인 요소와 기술을 결합해 착장의 편리함과 관리의 실용성을 고려하는 것이다. 현대화되더라도 한복의 정통성을 지켜 나가는 것은 단순히 디자인적 요소의 결합과 해체로 되는 것이 아니라 문화의 원류와 흐름에 대한 지식과 철학이 필요한 부분이기에 쉽지 않다.

글로컬 한복, 그 무한한 가능성

밀라노 예술가들은 말한다. 한국 전통을 억지로 현대화하려 애쓰지 마라. 그 자체로 이미 현대적이다. 또한 한국의 정신, 한국만의 정체성(IDENTITY), 본질이 느껴진다. 그들의 극찬 속에는 한국의 정신과 정체성이 현대 예술의 본질과 맞닿아 있다는 인식이 담겨 있다.

세계적인 명품 브랜드들이 왜 한복에 주목하고 서울에서 패션쇼를 여는 것일까. 한국의 위상이 지금 어떤 IP

를 찍고 있는 것인가.

한국이 지리적 위치상 역사적으로도 그랬지만 현재도 미중 패권 다툼의 핵심 기지라는 사실은 부인할 수 없다. 열강 세력의 접전지는 경제적인 이유에서도 마케팅의 시험 무대가 되므로 글로벌 브랜드의 무대(stage)로 기능하기도 한다. 장(場)이 열렸다는 의미에서 뉴욕 컬렉션이나 밀라노 콜레지오니(COLLECTION)를 구독해 보던 1990년대와는 확연히 다른 판이 짜였다. 한복이 한복판(중심, center)에 있는 상황이다. 한국적인 것이 가장 세계적이라고 집단 세뇌시키듯 구호처럼 외치던 때가 있었는데 그때가 실제로 온 것이다. '글로컬(glocal)'이라는 개념이 글로벌과 로컬의 합성어(global+local)인 것처럼, 한복이 지역성과 세계성을 동시에 가진 문화 자산임을 이미 알고 예술적인 세계 문화 담론의 중심에 서 있다. 경쟁력을 갖춘 우리 옷, 한복의 시대, 판이 열렸다는 것이다.

그런데 사실 한복이 디자인이나 시스템 등 산업적인 측면에서 아직 세계적인 수준으로 준비되지 못한 상황인데 분위기가 먼저 조성된 것이다.

원인을 꼽자면 K-팝 등 한국의 문화가 이미 세계적인 리더가 되어 있는 것을 들 수 있다. 이들이 조명을 받자

이들의 고유성과 정체성을 표현한 한복이 덩달아 주목을 받고 있는 것이다.

또 경제적으로 한국 문화의 위상과 소비자의 구매력이 상승하면서 한국이 글로벌 명품 업체들의 시장으로 부상하고 한국 내 마케팅이 활발해지는 모양새를 갖추었다.

시대적으로는 열린 개념으로서의 포스트모더니즘 사조에서는 역사가 있는 지역 문화가 조금 더 특별한 경쟁력을 갖는다. 선진국들의 사례에서 볼 수 있듯이 전통은 특히 예술과 산업 분야의 창조의 기반이자 토양이다. 흔히 전통을 고정된 형식이나 틀로 생각하지만 전통은 새로운 영감(idea)을 열어 주는 보고다. 역설적인 표현이지만 그래서 클래식(classic)은 늘 모던(modern)하다. 따라서 남들보다 먼저 우리 문화를 연구하고 재창조하는 것, 그것이 곧 K-컬처가 곧 G-컬처가 되는 지름길이다.

그러기 위해 전통을 끊임없이 연구해 새로운 미래를 창조하는 과정이 필요하다.

앞에서 계속 살펴봤듯이 사람들은 한복에서 고요하고 차분한 정적인 이미지를 떠올리지만 사실 한복은 율동과 위트가 넘치고 굉장히 드라마틱하며 때로는 파격적이기까지 하다. 한복은 명사가 아니라 역동적으로 움직이는 동사이며 수천 년 동안 현재 진행형이다. 한복은 여전히 클래식하면서도 오늘도 시간의 흐름 속에서 새로운 모습으로 계속해서 피어나고 있기 때문이다.

세계 한복판에 한복 판이 열렸다

한복을 통해 세계와 소통하고, 그 속에서 한국인의 자부심을 느끼며 살아가는 것이 그 어느 때보다 중요한 시기가 도래했다.

뉴욕 · 파리 · 서울에서 동시에 공개된 '한복웨이브' 프로젝트 사례에서 알 수 있듯이, 한복이 세계인의 시선 속에 있다. 문화체육관광부와 한국공예디자인문화진흥원이 주관하는 '한복웨이브'의 일환으로 제작된 한복 화보가 뉴욕 타임스퀘어 브로드웨이 전광판과 파리 시타디움 코르마탱 대형 전광판에 영상으로 공개되며 서울에서는 대한민국 역사박물관 K컬처스크린에 동시에 선보였다. 이 프로젝트는 국내 한복 디자이너들과 한류 문화예술인의 협업으로 전통과 현대를 아우르는 한국 문화의 아름다움을 세계에 알리는 것을 목표로 제작되었다(문화체육관광부, 2024). 2025 캐나다 앨버타에서 열린 G7 정상회의에서 "한복 외교"로 소프트파워를 보여 줬다는 보도가 있었고, 한국공예디자인문화진흥원(KCDF)은 이탈리아, 영국, 미국 등에서 한복 체험 · 교육 프로그램 운영을 통해 'Wearable culture'로서 한복을 현대적 트렌드와 연결해 글로벌 교류를 확대해 나가고 있다.

AI 시대, 한복의 새로운 길

한복은 단순한 의복을 넘어 한국의 역사와 문화를 상징하는 중요한 요소로서, 현대 사회에서도 여전히 중요한 의미를 지니고 있다. 한복은 단순한 의복이 아니라, 생활 문화의 산물로 과거와 현재를 이어 주는 다리 역할을 하며, 개인의 정체성과 공동체의 유대감을 형성하는 데 커다란 기여를 한다. 그러기에 급변하는 AI 시대에도 변하지 않는 한복의 아름다움과 가치를 고민하며 현대적 재해석을 통해 세계에 알리는 일을 활발히 진행해야 한다. 이러한 과정 속에서 우리는 한복이라는 그릇에 담긴 가득한 온기를 잊지 않고 이어 가야 할 것이다. 한복의 아름다움과 가치를 세계에 알리는 새로운 방식이자, 한국인의 자부심을 이어 가는 길이다.

첨단과 전통이라는 극과 극에 위치한 재료를 인공지능이라는 혁신의 바늘에 끼워 전통의 실로 미래를 짓는 일이 지금, 여기서 시작되고 있다.

"한복이, 이미 한복판에 있다."

참고문헌

문화체육관광부(2024.12.18) 배우 김태리, 한복의 아름다움을 전 세계에 알리다[보도자료]. 대한민국 정책브리핑. https://www.korea.kr/briefing/pressReleaseView.do?newsId=156666197

이가영(2025.6.18). '패션 외교'는 메시지… 역대 영부인 외교무대 데뷔전 의상은. 조선일보. https://www.chosun.com/politics/politics_general/2025/06/18/4KRQXPW7DFHF5KSMKD5VC4DCKY/

임현주

자칭 '패션업계의 고고학자'로, 빠르게 트렌드를 선도하는 패셔너블한 업계에서 보기 드문 캐릭터로 무덤에서 나온 옷(출토복식)을 연구하고, 21세기에 수백 년 전 옷으로부터 느껴지는 고풍스럽고 오랜 시간 덧입혀진 클래식한 미학을 좋아한다. '복식 큐레이터'로, '한복 박사'로, '교수'와 '창업자'로서 오랜 기간 전통 한복의 연구와 교육에 힘써 왔다. 일시적으로 하던 일과의 단절을 경험했지만, 역사적으로 전통과의 단절을 겪은 한국 현대 사회가 다시금 전통을 추억하고 그 가치를 재발견하며 K-컬처가 부흥한 것과 같이, AI 기술에 대한 관심을 바탕으로 전통 한복과 AI의 융합을 통해 새로운 연구 분야를 개척하고자 한다.